ux-designer werden

Ein umfassender Leitfaden zum Start Ihrer UX-Karriere

william webb

contents

1 /
einführung

DEFINITION UND WICHTIGKEIT von UX Design

Willkommen in der faszinierenden Welt des User Experience (UX) Design! Auf dem Weg zum UX-Designer ist es wichtig, die Kernprinzipien zu verstehen, die dieses Fachgebiet definieren und warum es in der heutigen, digital geprägten Welt so wichtig ist. Dieser Abschnitt führt Sie in die Grundlagen des UX-Designs ein und hilft Ihnen, eine solide Grundlage für den weiteren Verlauf des Buches zu schaffen.

Im Kern ist UX-Design der Prozess der Entwicklung von Produkten, Dienstleistungen oder Systemen, die für die Benutzer angenehm, zugänglich und effizient sind. Der Begriff "User Experience" umfasst alle Aspekte der Interaktion eines Nutzers mit einem Produkt, von der ersten Begegnung bis zur Beendigung der Nutzung. UX-Designer sind für die Gestaltung dieser Erlebnisse verantwortlich und sorgen dafür, dass die Benutzer die von ihnen geschaffenen Produkte zu schätzen wissen und mit ihnen zufrieden sind.

Aber was bedeutet es, eine großartige Benutzererfahrung zu schaffen? UX-Design ist ein multidisziplinäres Gebiet, das Elemente der Psychologie, Soziologie, des Designs, der Technologie und der Wirtschaft zusammenführt. Es geht darum, die Bedürfnisse, Vorlieben und Verhaltensweisen der Nutzer sowie den Kontext, in dem sie ein Produkt verwenden, zu verstehen. Durch die Durchführung von Forschungsarbeiten erhalten UX-Designer Einblicke in die Ziele, Motivationen und

Probleme der Benutzer. Diese Erkenntnisse fließen in den Designprozess ein und helfen den Designern, fundierte Entscheidungen über die Funktionen, die Ästhetik und die Interaktionen zu treffen, die ihren Benutzern am besten dienen.

Die Bedeutung des UX-Designs kann gar nicht hoch genug eingeschätzt werden. Auf dem heutigen wettbewerbsintensiven Markt, auf dem unzählige Produkte und Dienstleistungen um die Aufmerksamkeit der Nutzer buhlen, kann ein positives Nutzererlebnis darüber entscheiden, ob ein Produkt erfolgreich ist oder nicht. Es ist wahrscheinlicher, dass sich die Nutzer mit Produkten beschäftigen und ihnen letztendlich treu bleiben, die einfach zu bedienen sind, ihre Bedürfnisse erfüllen und ein angenehmes Erlebnis bieten.

Um die Bedeutung des UX-Designs zu verdeutlichen, sollten wir uns einige Beispiele aus der Praxis ansehen. Als Apple im Jahr 2007 das iPhone vorstellte, revolutionierte es die Mobiltelefonbranche. Das iPhone war nicht nur ein technisches Wunderwerk, sondern auch ein Triumph des UX-Designs. Die intuitive Benutzeroberfläche, das schlanke Design und die nahtlose Integration von Hardware und Software machten die Benutzung zum Vergnügen, setzten einen neuen Standard für Smartphones und trugen zum raschen Anstieg des Marktanteils von Apple bei.

Auch die Beliebtheit von Online-Plattformen wie Airbnb und Spotify ist größtenteils auf ihre außergewöhnliche Benutzerfreundlichkeit zurückzuführen. Die Plattform von Airbnb vereinfacht die Suche und Buchung von Unterkünften, während die personalisierten Empfehlungen und die intuitive Benutzeroberfläche von Spotify es einfach machen, Musik zu entdecken und zu genießen. Beide Unternehmen haben ihren Erfolg auf der Grundlage einer gut durchdachten Benutzererfahrung aufgebaut und zeigen, wie sehr UX-Design die Kundenzufriedenheit und das Unternehmenswachstum fördert.

Der Wert des UX-Designs geht über die Produkte für Verbraucher hinaus. Im Bereich der Unternehmenssoftware zum Beispiel können schlechte Benutzererfahrungen zu Produktivitätsverlusten, erhöhten Schulungskosten und Frustration der Mitarbeiter führen. Wenn Unternehmen dem UX-Design Priorität einräumen, können sie effizientere, benutzerfreundlichere Tools entwickeln, die Zeit sparen, Fehler reduzieren und letztlich zu einer besseren Arbeitsumgebung beitragen.

Da sich die digitale Landschaft ständig weiterentwickelt, steigt die Nachfrage nach qualifizierten UX-Designern. Unternehmen aller Branchen erkennen die Bedeutung des UX-Designs für die Gewinnung und Bindung von Kunden sowie für die Verbesserung ihrer gesamten Geschäftstätigkeit. Als UX-Designer haben Sie die Möglichkeit, das Leben der Menschen entscheidend zu beeinflussen, indem Sie Produkte und Erlebnisse schaffen, die nicht nur funktional sind, sondern auch Spaß machen und ansprechen.

In diesem Buch lernen Sie die Fähigkeiten, Techniken und Prinzipien kennen, die Sie brauchen, um in diesem spannenden Bereich erfolgreich zu sein. Vom Verständnis der Nutzerforschung und des Designprozesses bis hin zum Aufbau eines herausragenden Portfolios und der Navigation auf dem Arbeitsmarkt bietet Ihnen jeder Abschnitt wertvolle Einblicke und praktische Ratschläge, die Sie auf Ihrem Weg zum UX-Designer erfolgreich unterstützen.

Wenn Sie weiterlesen, denken Sie daran, dass UX Design eine sich ständig weiterentwickelnde Disziplin ist. Die besten UX-Designer sind diejenigen, die neugierig und anpassungsfähig bleiben und sich dem ständigen Lernen verschrieben haben. Nehmen Sie die Herausforderung an, sich über Branchentrends, neue Technologien und neue Designmethoden auf dem Laufenden zu halten. Indem Sie eine wachstumsorientierte Denkweise pflegen und Ihre Fähigkeiten kontinuierlich verbessern, sind Sie gut gerüstet, um die vielfältigen Herausforderungen und Chancen zu meistern, die Sie in der Welt des UX-Designs erwarten.

In diesem Abschnitt haben wir die Definition und Bedeutung des UX-Designs untersucht und sind dabei auf seine multidisziplinäre Natur, Beispiele aus der Praxis und seine Auswirkungen auf Verbraucher- und Unternehmensprodukte eingegangen. Wir haben auch die wachsende Nachfrage nach UX-Designern auf dem heutigen wettbewerbsorientierten Markt hervorgehoben. Im weiteren Verlauf des Buches werden Sie tiefer in die verschiedenen Aspekte des UX-Designs eintauchen und ein umfassenderes Verständnis für das Gebiet und die Fähigkeiten erlangen, die erforderlich sind, um sich in diesem Bereich auszuzeichnen.

Jetzt, da Sie ein grundlegendes Verständnis davon haben, was UX-

Design ist und warum es wichtig ist, sind Sie bereit, diese spannende Reise anzutreten. Die folgenden Abschnitte werden die Welt des UX-Designs weiter erkunden und Sie durch den Prozess der Entwicklung Ihrer Fähigkeiten, den Aufbau Ihres Portfolios und den Start Ihrer Karriere in diesem lohnenden Bereich führen. Gemeinsam helfen wir Ihnen, Ihr Potenzial als UX-Designer zu entfalten und außergewöhnliche Nutzererlebnisse zu schaffen, die einen nachhaltigen Einfluss auf das Leben der Menschen haben.

überblick über den ux-design-prozess

Mit einem soliden Verständnis der Definition und der Bedeutung von UX Design ist es an der Zeit, in das Herzstück der Materie einzutauchen: den UX Design Prozess. In diesem Abschnitt erhalten Sie einen umfassenden Überblick über die verschiedenen Phasen und Aktivitäten, die bei der Gestaltung von Benutzererlebnissen eine Rolle spielen. Wenn Sie diesen Prozess verstehen, sind Sie besser gerüstet, um Ihre Reise als UX-Designer zu meistern und einen sinnvollen Beitrag zur Schaffung von ansprechenden und effektiven Produkten zu leisten.

Der UX-Design-Prozess ist ein zyklischer, iterativer Ansatz, bei dem es darum geht, die Benutzer zu verstehen, ihre Bedürfnisse zu definieren und Lösungen zu entwerfen, die diese Bedürfnisse erfüllen. Es gibt zwar keinen einheitlichen Ansatz für UX-Design, aber die meisten Prozesse haben eine Reihe von Kernphasen, die die Designer bei ihrer Arbeit leiten. Diese Phasen umfassen:

Entdecken und Forschen

1. In der ersten Phase des UX-Design-Prozesses werden Informationen und Erkenntnisse über die Benutzer, ihre Bedürfnisse und den Kontext, in dem sie das Produkt verwenden werden, gesammelt. Diese Phase umfasst typischerweise Aktivitäten wie:

- Nutzerbefragungen: Durchführung von Einzelgesprächen mit potenziellen Nutzern, um deren Bedürfnisse, Vorlieben und Probleme zu verstehen.

- Erhebungen und Fragebögen: Sammlung quantitativer Daten von einer größeren Gruppe von Nutzern, um Trends und Muster zu erkennen.
- Marktforschung: Untersuchung von Wettbewerbern, Branchentrends und bestehenden Lösungen, um Lücken und Chancen zu ermitteln.
- Persona-Entwicklung: Erstellung fiktiver Darstellungen von Nutzergruppen, die Designern helfen, sich in ihre Zielgruppe einzufühlen und sie besser zu verstehen.

Definieren und Ideen entwickeln

1. Sobald Sie genügend Informationen gesammelt haben, besteht der nächste Schritt darin, die Daten zu analysieren und die wichtigsten Erkenntnisse zu ermitteln, die in den Entwurfsprozess einfließen werden. Diese Phase umfasst häufig Aktivitäten wie:

- Affinitätskartierung: Gruppierung von Erkenntnissen und Beobachtungen zur Ermittlung von Themen, Mustern und Möglichkeiten.
- Problemdefinition: Klare Formulierung der spezifischen Probleme oder Bedürfnisse, auf die das Design eingehen soll.
- Ideenfindung: Erarbeitung eines breiten Spektrums potenzieller Lösungen, Nutzung von Kreativität und Zusammenarbeit zur Erkundung verschiedener Gestaltungsmöglichkeiten.
- Prioritätensetzung: Bewertung und Auswahl der vielversprechendsten Ideen, die weiterverfolgt werden sollen, auf der Grundlage von Faktoren wie Durchführbarkeit, Wünschbarkeit und Auswirkungen.

Entwurf und Prototyp

1. Mit einem klaren Verständnis des Problems und einer Reihe von potenziellen Lösungen besteht der nächste Schritt darin,

diese Ideen durch Design zum Leben zu erwecken. Diese Phase umfasst Aktivitäten wie:

- Skizzieren und Wireframing: Erstellung von Low-Fidelity-Darstellungen des Designs, um Layout, Hierarchie und Struktur zu erkunden.
- Mockups und visuelles Design: Entwicklung von realitätsgetreuen Designs, die visuelle Elemente wie Typografie, Farbe und Bildmaterial enthalten.
- Prototyping: Erstellung interaktiver Modelle des Entwurfs, die eine Prüfung und Validierung der vorgeschlagenen Lösung ermöglichen.
- Design-Dokumentation: Erstellung detaillierter Spezifikationen, in denen die Funktionen, Interaktionen und visuellen Elemente des Designs beschrieben werden, um die Entwickler bei der Implementierung anzuleiten.

Testen und validieren

1. Bevor ein Entwurf umgesetzt wird, muss unbedingt sichergestellt werden, dass er den Bedürfnissen der Nutzer entspricht und das ermittelte Problem löst. Diese Phase umfasst Aktivitäten wie:

- Usability-Tests: Beobachtung der Benutzer bei der Interaktion mit dem Prototyp, um Feedback zur Effektivität und Benutzerfreundlichkeit des Designs zu erhalten.
- A/B-Tests: Vergleich verschiedener Design-Varianten, um festzustellen, welche Variante in Bezug auf Nutzerbindung und -zufriedenheit besser abschneidet.
- Analytik und Datenanalyse: Untersuchung von Nutzungsdaten, um Muster, Trends und potenzielle Verbesserungsbereiche zu ermitteln.
- Iteration: Verfeinerung des Designs auf der Grundlage von Nutzerfeedback und Testergebnissen, wobei bei Bedarf

Anpassungen vorgenommen werden, um das Nutzererlebnis zu verbessern.

Implementierung und Iteration

1. In der letzten Phase des UX-Design-Prozesses wird das Design implementiert und auf der Grundlage von Benutzerfeedback und Leistungskennzahlen kontinuierlich verfeinert. Diese Phase umfasst Aktivitäten wie:

- Zusammenarbeit mit Entwicklern: Enge Zusammenarbeit mit den Entwicklungsteams, um sicherzustellen, dass der Entwurf genau und effektiv umgesetzt wird.
- Qualitätssicherung: Testen des implementierten Designs auf Funktionalität, Benutzerfreundlichkeit und Übereinstimmung mit dem beabsichtigten
- Einführung und Überwachung: Freigabe des Produkts für die Nutzer und Überwachung seiner Leistung, um Erkenntnisse zu gewinnen und Bereiche mit Verbesserungsbedarf zu ermitteln.
- Kontinuierliche Verbesserung: Iteration des Designs als Reaktion auf Nutzerfeedback, Marktveränderungen und technologische Fortschritte, um sicherzustellen, dass das Produkt relevant und effektiv bleibt.

Wie Sie sehen können, ist der UX-Design-Prozess ein fortlaufender Zyklus von Entdeckung, Definition, Design, Testen und Iteration. Dieser iterative Ansatz ermöglicht es Designern, ihre Lösungen kontinuierlich zu verfeinern und sicherzustellen, dass sie mit den Bedürfnissen und Erwartungen der Benutzer übereinstimmen. Wenn Sie sich diesen zyklischen Prozess zu eigen machen, sind Sie gut gerüstet, um Benutzererlebnisse zu schaffen, die nicht nur funktional, sondern auch ansprechend und ansprechend sind.

Es ist wichtig, daran zu denken, dass die oben beschriebenen Phasen zwar einen hilfreichen Rahmen für das Verständnis des UX-Design-

Prozesses bieten, die Besonderheiten jeder Phase jedoch je nach Projekt, Organisation oder Designer variieren können. Mit zunehmender Erfahrung und der Entwicklung eines eigenen Ansatzes für das UX-Design werden Sie lernen, den Prozess an Ihre Bedürfnisse und die Anforderungen der Projekte, an denen Sie arbeiten, anzupassen und individuell zu gestalten.

In diesem Abschnitt haben wir die wichtigsten Phasen und Aktivitäten des UX-Design-Prozesses untersucht, von der Forschung und Ideenfindung bis hin zu Prototyping, Testen und Iteration. Mit diesem Überblick im Hinterkopf sind Sie nun besser darauf vorbereitet, tiefer in die einzelnen Phasen einzusteigen und die Fähigkeiten zu entwickeln, die Sie als UX-Designer benötigen, um sich auszuzeichnen.

In den folgenden Abschnitten gehen wir auf die spezifischen Techniken, Tools und Strategien ein, die Ihnen helfen werden, jede Phase des UX-Design-Prozesses sicher zu meistern. Durch den Aufbau einer soliden Grundlage in den Prozessen und Prinzipien des UX-Designs sind Sie auf dem besten Weg, außergewöhnliche Benutzererlebnisse zu schaffen, die einen bleibenden Eindruck hinterlassen.

vorteile einer karriere im ux-design

Nachdem wir uns nun mit der Definition, der Bedeutung und dem Prozess des UX-Designs befasst haben, ist es an der Zeit, die vielen Vorteile einer Karriere in diesem spannenden Bereich zu erkunden. Von der persönlichen Befriedigung, wirkungsvolle Produkte zu schaffen, bis hin zu den vielfältigen Beschäftigungsmöglichkeiten und der wettbewerbsfähigen Vergütung gibt es zahlreiche Gründe, warum eine Karriere im UX-Design die perfekte Lösung für Sie sein könnte. In diesem Abschnitt werden wir die wichtigsten Vorteile einer Karriere als UX-Designer erörtern und wie dieser lohnende Beruf zu persönlichem und beruflichem Wachstum führen kann.

Einen bedeutenden Einfluss ausüben

1. Einer der erfüllendsten Aspekte einer Karriere im UX-Design ist die Möglichkeit, Produkte und Erfahrungen zu schaffen, die das Leben der Menschen wirklich verbessern. UX-Designer sind bestrebt, die Bedürfnisse der Nutzer zu verstehen und

Lösungen zu entwickeln, die ihre Probleme angehen und alltägliche Aufgaben angenehmer und effizienter machen. Als UX-Designer haben Sie die Chance, die Welt spürbar zu verändern und zum Erfolg von Unternehmen und zur Zufriedenheit ihrer Kunden beizutragen.

Kreative Problemlösung

1. UX-Design ist ein von Natur aus kreatives Feld, das von den Designern verlangt, kritisch und erfinderisch über die Herausforderungen nachzudenken, denen sie gegenüberstehen. Von der Ideenfindung für neue Funktionen und Interaktionen bis hin zur Verfeinerung der visuellen Ästhetik eines Produkts sind UX-Designer ständig mit dem Prozess der kreativen Problemlösung beschäftigt. Wenn Sie jemand sind, der sich für Innovationen begeistern kann und die Herausforderung liebt, einzigartige Lösungen zu entwickeln, könnte eine Karriere im UX-Design die perfekte Lösung sein.

Vielfältige Beschäftigungsmöglichkeiten

1. Die Nachfrage nach qualifizierten UX-Designern steigt branchenübergreifend, da Unternehmen die Bedeutung der Benutzerfreundlichkeit für die Kundenzufriedenheit und -loyalität erkennen. Diese wachsende Nachfrage führt zu einem breiten Spektrum an Beschäftigungsmöglichkeiten für UX-Designer, von Start-ups und Tech-Giganten bis hin zu gemeinnützigen Organisationen und Behörden. Darüber hinaus können sich UX-Designer auf verschiedene Teildisziplinen spezialisieren, wie z. B. UX-Forschung, Interaktionsdesign oder UX-Strategie, so dass Sie Ihre Fähigkeiten verfeinern und Ihre einzigartigen Interessen in diesem Bereich verfolgen können.

Wettbewerbsfähige Entlohnung

1. Mit den vielfältigen Beschäftigungsmöglichkeiten geht eine wettbewerbsfähige Vergütung für UX-Designer einher. Da die Nachfrage nach UX-Designern das Angebot an qualifizierten Kandidaten übersteigt, sind Arbeitgeber zunehmend bereit, attraktive Gehälter und Sozialleistungen anzubieten, um Top-Talente anzuziehen. Die Vergütung kann zwar je nach Standort, Erfahrung und Branche variieren, doch im Vergleich zu anderen Berufen erhalten UX-Designer im Allgemeinen überdurchschnittliche Gehälter.

Kollaboratives Arbeitsumfeld

1. UX-Design ist ein sehr kollaboratives Feld, das oft eine enge Zusammenarbeit mit funktionsübergreifenden Teams, einschließlich Produktmanagern, Entwicklern und Vermarktern, erfordert. Dieses kollaborative Umfeld bietet zahlreiche Möglichkeiten zum Lernen, Netzwerken und persönlichen Wachstum, da Sie die Chance haben, Beziehungen mit Fachleuten aus verschiedenen Bereichen und Disziplinen aufzubauen. Wenn Sie gerne in einem teamorientierten Umfeld arbeiten und sich an gemeinsamen Erfolgen erfreuen, könnte eine Karriere im UX-Design die richtige Wahl für Sie sein.

Dynamischer und sich entwickelnder Bereich

1. Die Welt des UX-Designs ist in ständigem Wandel begriffen, wobei regelmäßig neue Technologien, Methoden und Trends auftauchen. Diese dynamische Landschaft bietet UX-Designern die Möglichkeit, ihre Fähigkeiten kontinuierlich zu erweitern und an der Spitze der Branchenentwicklungen zu bleiben. Wenn Sie jemand sind, der lebenslanges Lernen genießt und die Herausforderung annimmt, in einem sich schnell entwickelnden Bereich auf dem Laufenden zu bleiben, kann eine Karriere im UX-Design sowohl anregend als auch lohnend sein.

Möglichkeiten für Fernarbeit und Freiberuflichkeit

1. Im Zuge der fortschreitenden Entwicklung digitaler Tools und
   Technologien setzen immer mehr Unternehmen auf Telearbeit
   und flexible Arbeitsregelungen. Dieser Trend ist im Bereich
   UX-Design besonders deutlich, da viele Aspekte des
   Designprozesses mithilfe von Online-Kollaborationstools aus
   der Ferne durchgeführt werden können. Als UX-Designer
   haben Sie möglicherweise die Möglichkeit, von zu Hause aus
   zu arbeiten oder freiberuflichen Projekten nachzugehen, was
   Ihnen eine größere Autonomie und Flexibilität in Ihrer
   Karriere ermöglicht.

Nachdem wir die vielen Vorteile einer Karriere im UX-Design
erkundet haben, ist es klar, dass dieses spannende Feld eine Fülle von
Möglichkeiten für persönliches und berufliches Wachstum bietet. Von
der sinnvollen Beeinflussung des Lebens der Menschen bis hin zu vielfältigen Beschäftigungsmöglichkeiten und einer wettbewerbsfähigen
Vergütung gibt es keinen Mangel an Gründen, warum eine Karriere im
UX-Design die perfekte Wahl für Sie sein könnte.

Wenn Sie eine Karriere im UX-Design in Erwägung ziehen, sollten Sie
sich darüber im Klaren sein, dass dieser Bereich Engagement, ständiges
Lernen und ein starkes Engagement für das Verständnis der Nutzer und
ihrer Bedürfnisse erfordert. Für diejenigen, die sich leidenschaftlich für
die Schaffung von ansprechenden und effektiven Nutzererlebnissen
einsetzen, kann eine Karriere im UX-Design jedoch sehr lohnend sein.

In den folgenden Abschnitten werden wir uns eingehender mit den
spezifischen Fähigkeiten und Strategien befassen, die für den Erfolg als
UX-Designer erforderlich sind, und Sie durch den Prozess des Aufbaus
Ihres Portfolios, der Verfeinerung Ihrer Techniken und der Navigation
auf dem Arbeitsmarkt führen. Denken Sie auf Ihrem weiteren Weg an die
vielen Vorteile einer Karriere im UX-Design und an den Einfluss, den Sie
auf die Welt um Sie herum haben können.

William Webb

nachfrage und jobaussichten für ux-designer

Nachdem Sie die Vorteile einer Karriere im UX-Design kennengelernt haben, fragen Sie sich vielleicht, wie es um die Nachfrage und die Jobaussichten für Fachleute in diesem Bereich bestellt ist. In diesem Abschnitt erörtern wir den aktuellen Arbeitsmarkt für UX-Designer, untersuchen die Faktoren, die zur wachsenden Nachfrage beitragen, und bieten Einblicke in die Zukunft dieses spannenden Berufs.

Die Nachfrage nach UX-Designern ist in den letzten zehn Jahren stetig gestiegen, da Unternehmen aller Branchen die entscheidende Rolle erkannt haben, die das Benutzererlebnis für den Erfolg ihrer Produkte und Dienstleistungen spielt. Diese wachsende Nachfrage hat zu einer Fülle von Beschäftigungsmöglichkeiten für qualifizierte UX-Fachleute sowie zu einer wettbewerbsfähigen Vergütung und attraktiven Karriere-aussichten geführt.

Faktoren, die die Nachfrage nach UX-Designern antreiben

1. Es gibt mehrere Faktoren, die zur steigenden Nachfrage nach UX-Designern auf dem heutigen Arbeitsmarkt beitragen:

- Der Aufstieg der digitalen Produkte: Da immer mehr Unternehmen ihren Schwerpunkt auf digitale Plattformen und Dienstleistungen verlagern, ist der Bedarf an UX-Designern, die ansprechende und effektive Online-Erlebnisse schaffen, exponentiell gestiegen.
- Gestiegene Erwartungen der Verbraucher: Die Verbraucher von heute haben hohe Erwartungen an die Produkte und Dienstleistungen, die sie nutzen, und sie sind schnell bereit, diejenigen zu verlassen, die ihre Bedürfnisse nicht erfüllen. Aus diesem Grund investieren Unternehmen viel in UX-Design, um sicherzustellen, dass ihre Angebote die nahtlosen, angenehmen Erfahrungen bieten, die Kunden verlangen.
- Verstärkte Konzentration auf die Kundenzufriedenheit: Unternehmen erkennen zunehmend, dass außergewöhnliche Benutzererfahrungen für die Kundenzufriedenheit, die Loyalität und den langfristigen Erfolg entscheidend sind.

Diese Erkenntnis hat dazu geführt, dass UX-Design in Unternehmen einen höheren Stellenwert einnimmt und die Nachfrage nach qualifizierten Fachkräften in diesem Bereich steigt.

- Digitale Transformation: Im Zuge der digitalen Transformation von Unternehmen werden UX-Designer benötigt, um diesen Übergang zu begleiten und die nahtlose Integration digitaler Produkte und Dienstleistungen zu gewährleisten.

Jobmöglichkeiten für UX-Designer

1. Die wachsende Nachfrage nach UX-Designern hat zu einem breiten Spektrum an Beschäftigungsmöglichkeiten in verschiedenen Branchen und Sektoren geführt. Einige der häufigsten Branchen, die UX-Designer beschäftigen, sind:

- Technologie: UX-Designer sind im Technologiesektor sehr gefragt und arbeiten für Unternehmen, die Software, mobile Anwendungen und andere digitale Produkte entwickeln.
- E-Commerce: Online-Händler sind in hohem Maße auf UX-Designer angewiesen, um nahtlose Einkaufserlebnisse zu schaffen, die Kunden zum Stöbern, Kaufen und Wiederkommen animieren.
- Finanzen: Banken, Versicherungen und andere Finanzinstitute investieren zunehmend in UX Design, um ihre digitalen Plattformen zu verbessern und ihren Kunden ein besseres Erlebnis zu bieten.
- Gesundheitswesen: UX-Designer spielen in der Gesundheitsbranche eine entscheidende Rolle bei der Gestaltung benutzerfreundlicher Schnittstellen für medizinische Geräte, Patientenportale und andere digitale Tools.
- Regierung: In dem Maße, in dem Regierungen auf der ganzen Welt ihre Dienstleistungen digitalisieren, wächst der Bedarf an UX-Designern, die zugängliche und benutzerfreundliche digitale Erfahrungen für die Bürger schaffen.

- Gemeinnützige Organisationen: UX-Designer sind auch bei Non-Profit-Organisationen gefragt. Sie helfen bei der Entwicklung digitaler Lösungen, die den Auftrag der Organisation unterstützen und Spender, Freiwillige und Begünstigte ansprechen.

Berufsbezeichnungen und Spezialisierungen

1. Im Bereich des UX-Designs gibt es zahlreiche Berufsbezeichnungen und Spezialisierungen, die Fachleute je nach ihren Interessen und Fähigkeiten ausüben können. Einige gängige Berufsbezeichnungen für UX-Designer sind:

- UX-Designer: Diese generalistische Rolle beinhaltet die Arbeit an allen Aspekten des UX-Design-Prozesses, von der Forschung und Ideenfindung bis zum Prototyping und Testen.
- UX-Forscher: Fachleute, die sich auf UX-Forschung spezialisieren, konzentrieren sich auf das Sammeln von Erkenntnissen und das Verstehen von Nutzerbedürfnissen durch Interviews, Umfragen und andere Forschungsmethoden.
- Interaktionsdesigner: Interaktionsdesigner konzentrieren sich auf die Gestaltung der funktionalen Aspekte eines Produkts, wie Navigation, Übergänge und Interaktionen zwischen Elementen.
- Visuelle Designer: Diese Fachleute konzentrieren sich auf die ästhetischen Aspekte des UX-Designs, einschließlich Typografie, Farbe und Bildmaterial, um visuell ansprechende und kohärente Benutzererlebnisse zu schaffen.

Zukünftige Jobperspektiven für UX-Designer

1. Da sich die digitale Landschaft weiter entwickelt, wird die Nachfrage nach UX-Designern voraussichtlich stark bleiben. Faktoren wie die fortschreitende digitale Transformation von Unternehmen, die Einführung neuer Technologien wie

künstliche Intelligenz (KI) und virtuelle Realität (VR) sowie der verstärkte Fokus auf integratives Design und Barrierefreiheit werden zu einem anhaltenden Wachstum in diesem Bereich beitragen.

2. Zusätzlich zu den traditionellen UX-Designer-Rollen werden wahrscheinlich neue Spezialisierungen und Beschäftigungsmöglichkeiten entstehen, wenn sich die Branche weiterentwickelt. So können UX-Designer beispielsweise an sprachgesteuerten Benutzeroberflächen arbeiten, Erfahrungen für tragbare Technologien entwerfen oder mit KI-Ingenieuren zusammenarbeiten, um personalisiertere und anpassungsfähigere Benutzererfahrungen zu schaffen.

Angesichts dieser positiven Aussichten ist es klar, dass eine Karriere im UX-Design nicht nur heute eine Fülle von Möglichkeiten bietet, sondern auch das Potenzial für weiteres Wachstum und Aufstieg in der Zukunft.

kapitel 1: erkundung der welt des ux-designs

ux versus ui-design

AUF IHRER REISE in die Welt des User Experience (UX)-Designs sind Sie vielleicht schon auf den Begriff User Interface (UI)-Design gestoßen und haben sich gefragt, wie sich diese beiden Disziplinen zueinander verhalten. Sind sie dasselbe? Wenn nicht, was unterscheidet sie dann voneinander? In diesem Abschnitt werden wir uns mit den Unterschieden zwischen UX- und UI-Design befassen, untersuchen, wie sie sich gegenseitig ergänzen, und die einzigartigen Fähigkeiten und Verantwortlichkeiten untersuchen, die mit jeder Disziplin verbunden sind.

Definition von UX- und UI-Design

1. Um den Unterschied zwischen UX- und UI-Design besser zu verstehen, sollten wir zunächst die beiden Begriffe definieren:

- User Experience (UX)-Design: Wie in den vorangegangenen Abschnitten erläutert, ist UX-Design der Prozess der Entwicklung von Produkten und Dienstleistungen, die den Nutzern sinnvolle, angenehme und effektive Erfahrungen bieten. UX-Designer konzentrieren sich auf das Verständnis der Bedürfnisse, Motivationen und Verhaltensweisen der

Nutzer und nutzen diese Erkenntnisse, um Produkte zu entwerfen, die sowohl funktional als auch ansprechend sind.

- Benutzeroberfläche (UI) Design: UI-Design ist die Disziplin der Gestaltung der visuellen und interaktiven Elemente eines Produkts oder einer Dienstleistung, einschließlich Schaltflächen, Menüs, Formulare und anderer Komponenten, mit denen die Benutzer interagieren. UI-Designer konzentrieren sich auf die Gestaltung ästhetisch ansprechender und zugänglicher Schnittstellen, die nahtlose Benutzerinteraktionen ermöglichen.

Obwohl UX- und UI-Design unterschiedliche Disziplinen sind, sind sie eng miteinander verbunden und arbeiten oft Hand in Hand, um kohärente, benutzerfreundliche Erfahrungen zu schaffen. UX-Design legt die Grundlage für eine effektive Benutzererfahrung, während UI-Design auf dieser Grundlage aufbaut, um eine ansprechende und visuell ansprechende Schnittstelle zu schaffen.

Die Hauptunterschiede zwischen UX- und UI-Design

1. Nachdem wir nun ein grundlegendes Verständnis davon haben, was UX- und UI-Design sind, wollen wir einige der wichtigsten Unterschiede zwischen den beiden Disziplinen untersuchen:

- Schwerpunkt: Das Hauptaugenmerk des UX-Designs liegt auf dem Verständnis und der Erfüllung der Bedürfnisse der Nutzer, während sich das UI-Design auf die Gestaltung visuell ansprechender und zugänglicher Schnittstellen konzentriert.
- Umfang: UX Design umfasst ein breiteres Spektrum an Aktivitäten und Verantwortlichkeiten, einschließlich Forschung, Informationsarchitektur und Interaktionsdesign. Das UI-Design hingegen befasst sich in erster Linie mit der visuellen Gestaltung von Schnittstellen und der Präsentation von Informationen.

- Arbeitsergebnisse: UX-Designer erstellen Ergebnisse wie User Personas, User Flows, Wireframes und Prototypen, während UI-Designer visuelle Elemente wie Styleguides, Icons und Schnittstellenlayouts erstellen.
- Werkzeuge: UX- und UI-Designer verwenden oft unterschiedliche Tools, um ihre Arbeit zu erledigen. UX-Designer können Tools wie Sketch, Figma oder Adobe XD für Wireframing und Prototyping verwenden, während UI-Designer auf Tools wie Photoshop, Illustrator oder Affinity Designer für die Erstellung visueller Elemente zurückgreifen können.

Die Beziehung zwischen UX- und UI-Design

1. Obwohl UX- und UI-Design getrennte Disziplinen sind, sind sie eng miteinander verwoben und arbeiten oft zusammen, um ein kohärentes und ansprechendes Benutzererlebnis zu schaffen. In vielen Fällen arbeiten UX-Designer und UI-Designer während des gesamten Designprozesses zusammen, wobei sich UX-Designer auf die Gesamtstruktur und den Fluss der Benutzererfahrung konzentrieren und UI-Designer die visuellen und interaktiven Elemente der Benutzeroberfläche verfeinern.

In einigen Unternehmen können UX- und UI-Designer getrennte Rollen einnehmen, wobei jeder Fachmann auf seine jeweilige Disziplin spezialisiert ist. In anderen Fällen kann eine einzige Person sowohl für UX- als auch für UI-Design verantwortlich sein, je nach Größe und Umfang des Projekts. Unabhängig von den spezifischen Rollen und Zuständigkeiten hängt der Erfolg von UX- und UI-Design von einer effektiven Zusammenarbeit und Kommunikation zwischen beiden Disziplinen ab.

Fähigkeiten und Verantwortlichkeiten im Bereich UX und UI Design

1. Zwar gibt es einige Überschneidungen zwischen den Fähigkeiten und Verantwortlichkeiten von UX- und UI-

Designern, aber jede Disziplin erfordert eine einzigartige Expertise:

- UX Designer Fähigkeiten und Verantwortlichkeiten:
- Durchführung von Nutzerforschung und Interviews
- Erstellung von User Personas und Journey Maps
- Entwicklung von Informationsarchitekturen und Navigationssystemen
- Entwurf von Nutzerströmen und Wireframes
- Erstellung und Prüfung von Prototypen
- Zusammenarbeit mit UI-Designern, Entwicklern und anderen Teammitgliedern
- Analyse des Nutzerfeedbacks und Iteration der Entwürfe
- UI Designer Fähigkeiten und Verantwortlichkeiten:
- Gestaltung visuell ansprechender und zugänglicher Schnittstellen
- Erstellung von Stilrichtlinien und Gestaltungssystemen
- Entwicklung von Symbolen, Schaltflächen und anderen Oberflächenelementen
- Gestaltung von responsiven Layouts, die sich an verschiedene Geräte und Bildschirmgrößen anpassen
- Zusammenarbeit mit UX-Designern, Entwicklern und anderen Teammitgliedern
- Sicherstellung der Designkonsistenz über alle Plattformen und Berührungspunkte hinweg
- Umsetzung von Entwürfen mit Front-End-Entwicklungssprachen wie HTML, CSS und JavaScript (optional, aber eine wertvolle Fähigkeit)

Wenn Sie Ihre Reise in die Welt des UX-Designs fortsetzen, ist es wichtig, die Beziehung zwischen UX- und UI-Design zu verstehen und zu wissen, wie diese beiden Disziplinen sich gegenseitig ergänzen. Unabhängig davon, ob Sie sich für eine Spezialisierung auf einen Bereich entscheiden oder danach streben, ein vielseitiger Designer mit Fachkenntnissen in beiden Bereichen zu werden, denken Sie daran, dass

Zusammenarbeit und Kommunikation der Schlüssel zur Schaffung ansprechender und effektiver Benutzererlebnisse sind.

wesentliche ux-design-prinzipien

Wenn Sie Ihre Reise in die Welt des UX-Designs fortsetzen, ist es wichtig, die grundlegenden Prinzipien zu verstehen, die den Designprozess leiten. Diese Prinzipien dienen als Grundlage für die Erstellung von Benutzererlebnissen, die ansprechend, angenehm und effektiv sind. In diesem Abschnitt gehen wir auf einige der wichtigsten UX-Design-Prinzipien ein und erörtern, wie sie auf Ihre Arbeit angewendet werden können.

Benutzerzentriertes Design

1. Das Herzstück des UX-Designs ist das Konzept des nutzerzentrierten Designs, das die Bedeutung des Nutzers in den Mittelpunkt des Designprozesses stellt. Indem Sie sich auf die Bedürfnisse, Vorlieben und Erwartungen Ihrer Zielgruppe konzentrieren, können Sie Produkte und Dienstleistungen entwickeln, die bei den Nutzern wirklich ankommen und ihnen die Erfahrungen bieten, die sie sich wünschen.

Um nutzerzentriertes Design zu praktizieren, sollten Sie die folgenden Strategien in Betracht ziehen:

- Führen Sie Nutzerforschung durch, um Erkenntnisse über die Bedürfnisse, Motivationen und Verhaltensweisen Ihrer Zielgruppe zu gewinnen.
- Entwickeln Sie User Personas, um verschiedene Segmente Ihrer Zielgruppe zu repräsentieren und Ihre Designentscheidungen zu steuern.
- Beziehen Sie die Nutzer in den Designprozess ein, indem Sie sie um Feedback bitten, Tests zur Benutzerfreundlichkeit durchführen und Ihre Entwürfe auf der Grundlage ihres Inputs überarbeiten.

Konsistenz

1. Konsistenz ist ein Schlüsselprinzip des UX-Designs, da es dazu beiträgt, ein Gefühl der Vertrautheit und Vorhersehbarkeit für die Nutzer zu schaffen. Durch die Beibehaltung konsistenter Designelemente, wie Typografie, Farben und Layout, können Sie es den Nutzern erleichtern, Ihr Produkt oder Ihre Dienstleistung zu verstehen und zu navigieren.

Um die Konsistenz Ihrer Entwürfe zu gewährleisten, sollten Sie die folgenden Tipps beachten:

- Entwickeln Sie einen Styleguide oder ein Designsystem, das die visuellen Elemente und Interaktionsmuster beschreibt, die in Ihrem Produkt verwendet werden sollen.
- Wiederverwendung gemeinsamer Schnittstellenkomponenten wie Schaltflächen und Menüs, um ein kohärentes Erlebnis über verschiedene Bildschirme und Funktionen hinweg zu schaffen.
- Testen Sie Ihre Entwürfe, um sicherzustellen, dass sie auf verschiedenen Geräten und Plattformen einheitlich aussehen und wirken.

Klarheit

1. Klarheit ist beim UX-Design von entscheidender Bedeutung, da sie den Benutzern hilft, schnell zu verstehen, wie ein Produkt oder eine Dienstleistung funktioniert und wie sie damit interagieren können. Indem Sie Informationen klar, prägnant und leicht verständlich darstellen, können Sie die Verwirrung der Nutzer minimieren und ein angenehmeres Erlebnis schaffen.

Um die Klarheit Ihrer Entwürfe zu verbessern, sollten Sie die folgenden Richtlinien beachten:

- Verwenden Sie eine klare, unkomplizierte Sprache, die von Ihrer Zielgruppe leicht verstanden wird.
- Organisieren Sie Informationen mit Hilfe von Überschriften, Aufzählungspunkten und anderen visuellen Hinweisen, um das Überfliegen und Verstehen für die Benutzer zu erleichtern.
- Begrenzen Sie die Anzahl der Schnittstellenelemente und -optionen, die dem Benutzer zu einem bestimmten Zeitpunkt präsentiert werden, um ihn nicht zu überfordern.

Rückmeldung

1. Die Rückmeldung an die Benutzer ist eine wichtige Komponente des UX-Designs, da sie ihnen hilft, die Folgen ihrer Handlungen zu verstehen und das Gefühl zu haben, die Kontrolle über ihre Interaktionen zu haben. Feedback kann in verschiedenen Formen gegeben werden, z. B. als visuelle Hinweise, Töne oder Vibrationen, um die Ergebnisse von Benutzeraktionen oder den Zustand eines Systems zu kommunizieren.

Um effektives Feedback in Ihre Entwürfe einzubauen, sollten Sie die folgenden Vorschläge berücksichtigen:

- Verwenden Sie visuelle Hinweise, wie z. B. Hervorhebungen oder Animationen, um anzuzeigen, wenn ein Benutzer mit einem Oberflächenelement interagiert hat.
- Versorgen Sie die Benutzer mit Bestätigungsmeldungen oder Warnungen, wenn sie wichtige Aufgaben erledigen oder wichtige Änderungen vornehmen.
- Stellen Sie sicher, dass die Fehlermeldungen klar und informativ sind und den Nutzern zeigen, wie sie die Probleme lösen können.

Flexibilität und Effizienz

1. Ein hervorragendes Benutzererlebnis sollte flexibel und effizient sein und es den Benutzern ermöglichen, Aufgaben schnell und einfach zu erledigen, unabhängig von ihrem Kenntnisstand oder ihrer Vertrautheit mit einem Produkt. Indem Sie ein breites Spektrum von Nutzern ansprechen und mehrere Möglichkeiten zur Erledigung von Aufgaben anbieten, können Sie sicherstellen, dass Ihr Produkt oder Ihre Dienstleistung den Bedürfnissen einer breiten Zielgruppe entspricht.

Versuchen Sie, diese Strategien anzuwenden, um flexible und effiziente Erfahrungen zu schaffen:

- Bieten Sie den Benutzern mehrere Möglichkeiten, Aufgaben zu erledigen, z. B. über Menüs, Tastenkombinationen oder Sprachbefehle.
- Design für verschiedene Niveaus von Benutzerkenntnissen, indem fortgeschrittene Funktionen für erfahrene Benutzer angeboten werden, während die Kernfunktionen für Anfänger zugänglich bleiben.
- Optimieren Sie Ihre Entwürfe im Hinblick auf die Leistung, um sicherzustellen, dass die Lade- und Antwortzeiten so schnell wie möglich sind.
- Fehlervermeidung und Wiederherstellung

1. Fehler sind ein unvermeidlicher Teil jeder Benutzererfahrung, aber UX-Designer können Maßnahmen ergreifen, um ihr Auftreten zu minimieren und den Benutzern bei der Wiederherstellung zu helfen, wenn sie auftreten. Wenn Sie bei der Gestaltung die Fehlervermeidung und -behebung im Blick haben, können Sie belastbarere und benutzerfreundlichere Produkte und Dienste erstellen.

Um Fehler zu minimieren und die Fehlerbehebung zu unterstützen, sollten Sie diese Tipps beachten:

- Verwenden Sie klare Anweisungen und Aufforderungen, um die Benutzer durch die Aufgaben zu führen und Fehler von vornherein zu vermeiden.
- Implementieren Sie Fehlerprüfungs- und Validierungsmechanismen, um Fehler zu erkennen, bevor sie zu kritischen Problemen werden.
- Geben Sie klare Fehlermeldungen aus, die das Problem erklären und mögliche Lösungen vorschlagen, damit die Benutzer ihre Fehler korrigieren können.
- Erreichbarkeit

1. Barrierefreiheit ist ein wichtiges Prinzip des UX-Designs, da es sicherstellt, dass Ihr Produkt oder Ihre Dienstleistung von Menschen mit unterschiedlichen Fähigkeiten und Bedürfnissen genutzt werden kann. Durch die Gestaltung der Barrierefreiheit können Sie integrative Erlebnisse schaffen, die ein breites Spektrum von Nutzern ansprechen, einschließlich Menschen mit Behinderungen.

Um die Zugänglichkeit zu gewährleisten, sollten Sie die folgenden Richtlinien beachten:

- Vergewissern Sie sich, dass Ihre Entwürfe den etablierten Zugänglichkeitsstandards entsprechen, z. B. den Web Content Accessibility Guidelines (WCAG).
- Verwenden Sie klare, kontrastreiche Farben und eine gut lesbare Typografie, um Ihre Inhalte für Nutzer mit Sehbehinderungen besser lesbar zu machen.
- Entwerfen Sie Ihre Schnittstelle so, dass sie mit einer Vielzahl von Eingabemethoden wie Tastaturen, Touchscreens oder Hilfsgeräten bedient werden kann.

Wenn Sie Ihre Reise in die Welt des UX-Designs fortsetzen, sollten Sie sich bemühen, diese Prinzipien zu verinnerlichen und sie konsequent in Ihren Projekten anzuwenden. Auf diese Weise sind Sie auf dem besten

William Webb

Weg, einprägsame und eindrucksvolle Benutzererlebnisse zu schaffen, die den Test der Zeit überdauern.

verständnis für benutzerzentriertes design

Wenn Sie tiefer in die Welt des UX-Designs eintauchen, werden Sie immer wieder auf ein grundlegendes Konzept stoßen: das nutzerzentrierte Design. Dieser Ansatz stellt die Benutzer in den Mittelpunkt des Designprozesses und stellt sicher, dass ihre Bedürfnisse, Vorlieben und Erwartungen in jeder Phase der Entwicklung priorisiert und berücksichtigt werden. In diesem Abschnitt werden wir den nutzerzentrierten Designprozess, seine Vorteile und die effektive Umsetzung dieses Ansatzes in Ihren Projekten untersuchen.

Was ist benutzerzentriertes Design?

1. Benutzerzentriertes Design ist eine Designphilosophie, die sich auf das Verständnis und die Berücksichtigung der Bedürfnisse und Ziele der Endnutzer konzentriert. Dieser Ansatz basiert auf der Prämisse, dass ein Produkt oder eine Dienstleistung mit Blick auf die Nutzer entwickelt werden sollte, um deren einzigartige Anforderungen und Vorlieben zu berücksichtigen und eine Erfahrung zu schaffen, die sowohl funktional ist als auch Spaß macht.

Der nutzerzentrierte Designprozess umfasst in der Regel die folgenden Schritte:

- Forschung: Durchführung von Nutzerforschung, um Erkenntnisse über die Bedürfnisse, Motivationen und Verhaltensweisen der Zielgruppe zu gewinnen.
- Analyse: Analyse von Forschungsergebnissen zur Ermittlung von Nutzerzielen, Schmerzpunkten und Verbesserungsmöglichkeiten.
- Gestaltung: Entwicklung von User Personas, User Flows und Wireframes zur Steuerung des Designprozesses.

- Prototyping: Erstellung interaktiver Prototypen zum Testen und Verfeinern des Designs.
- Bewertung: Bewertung der Benutzerfreundlichkeit und Effektivität des Designs durch Benutzertests und Feedback.

Die Vorteile des benutzerzentrierten Designs

1. Die Umsetzung eines nutzerzentrierten Designansatzes in Ihren Projekten bietet zahlreiche Vorteile, unter anderem:

- Höhere Benutzerzufriedenheit: Wenn Sie sich auf die Bedürfnisse und Vorlieben der Nutzer konzentrieren, können Sie Produkte und Dienstleistungen entwickeln, die angenehmer, ansprechender und effektiver sind.
- Höhere Akzeptanz und Beibehaltung: Es ist wahrscheinlicher, dass die Nutzer Produkte, die ihren Bedürfnissen und Erwartungen entsprechen, annehmen und weiter nutzen.
- Geringere Entwicklungskosten: Die frühzeitige Identifizierung und Berücksichtigung von Nutzerbedürfnissen im Designprozess kann dazu beitragen, kostspielige Umgestaltungen und Funktionsänderungen zu einem späteren Zeitpunkt zu vermeiden.
- Verbesserte Zugänglichkeit und Inklusion: Die Berücksichtigung der unterschiedlichen Bedürfnisse Ihrer Zielgruppe stellt sicher, dass Ihr Produkt für eine größere Zahl von Nutzern zugänglich und nutzbar ist.

Schlüsselelemente des benutzerzentrierten Designs

1. Um einen nutzerzentrierten Designansatz in Ihren Projekten effektiv umzusetzen, sollten Sie die folgenden Schlüsselelemente berücksichtigen:

- Benutzerforschung: Die Grundlage für nutzerzentriertes Design ist ein gründliches Verständnis Ihrer Zielgruppe. Führen Sie Nutzerforschung durch, z. B. Interviews, Umfragen und Beobachtungen, um Einblicke in ihre Bedürfnisse, Motivationen und Verhaltensweisen zu gewinnen.

- Benutzer-Personas: Entwickeln Sie User Personas, also fiktive Darstellungen Ihrer Zielgruppe, um Ihre Designentscheidungen zu lenken und die Bedürfnisse der Nutzer während des gesamten Designprozesses im Auge zu behalten.
- Einfühlungsvermögen: Entwickeln Sie Empathie für Ihre Nutzer, indem Sie deren Perspektiven, Herausforderungen und Ziele verstehen. So können Sie fundiertere Design-Entscheidungen treffen und Erlebnisse schaffen, die bei Ihrer Zielgruppe wirklich ankommen.
- Iteratives Design: Setzen Sie auf einen iterativen Designprozess, bei dem Sie Ihre Entwürfe auf der Grundlage von Nutzerfeedback und Tests kontinuierlich verfeinern und verbessern. Mit diesem Ansatz können Sie Ihr Produkt oder Ihre Dienstleistung fein abstimmen und sicherstellen, dass es die Bedürfnisse der Nutzer erfüllt und ein angenehmes Erlebnis bietet.
- Kollaboration: Beziehen Sie Beteiligte wie Entwickler, Inhaltsersteller und andere Teammitglieder in den gesamten Designprozess ein. Dieser kollaborative Ansatz stellt sicher, dass die Bedürfnisse der Benutzer in allen Aspekten des Projekts berücksichtigt werden, was zu einem kohärenteren und effektiveren Endprodukt führt.

Implementierung von benutzerorientiertem Design in Ihren Projekten

1. Befolgen Sie die folgenden Schritte, um nutzerzentriertes Design erfolgreich in Ihre Projekte einzubinden:
2. Definieren Sie Ihr Zielpublikum: Bevor Sie mit dem Entwurfsprozess beginnen, sollten Sie die Nutzer ermitteln, die Ihr Produkt oder Ihre Dienstleistung in Anspruch nehmen werden. Berücksichtigen Sie Faktoren wie Demografie, Motivationen und Ziele, um ein klares Verständnis für Ihre Zielgruppe zu entwickeln.

3. Führen Sie Nutzerforschung durch: Nutzen Sie eine Vielzahl von Forschungsmethoden, wie z. B. Interviews, Umfragen und Beobachtungen, um Erkenntnisse über die Bedürfnisse und Vorlieben Ihrer Zielgruppe zu gewinnen.

4. Analysieren Sie die Forschungsergebnisse: Untersuchen Sie Ihre Forschungsdaten, um die Ziele, Probleme und Verbesserungsmöglichkeiten der Nutzer zu ermitteln. Nutzen Sie diese Erkenntnisse, um Ihre Designentscheidungen zu treffen und Erlebnisse zu schaffen, die den Bedürfnissen Ihrer Nutzer entsprechen.

5. Entwickeln Sie User Personas und User Flows: Erstellen Sie User Personas, um verschiedene Segmente Ihrer Zielgruppe zu repräsentieren und Ihren Designprozess zu steuern. Entwickeln Sie Benutzerabläufe, um die Schritte und Interaktionen darzustellen, die Benutzer durchführen, um ihre Ziele mit Ihrem Produkt oder Ihrer Dienstleistung zu erreichen.

6. Entwurf und Prototyp: Beginnen Sie mit der Gestaltung Ihres Produkts oder Ihrer Dienstleistung auf der Grundlage der Erkenntnisse, die Sie aus Ihren Recherchen, Personas und Nutzerströmen gewonnen haben. Erstellen Sie Wireframes und interaktive Prototypen, um Ihre Entwürfe zu testen und zu verfeinern.

7. Führen Sie Benutzertests durch: Führen Sie Usability-Tests mit echten Nutzern durch, um die Effektivität Ihrer Entwürfe zu bewerten und verbesserungsbedürftige Bereiche zu ermitteln. Nutzen Sie das Feedback, das Sie erhalten, um Ihre Entwürfe zu überarbeiten und Ihr Produkt oder Ihre Dienstleistung weiter zu verfeinern.

8. Umsetzung und Bewertung: Sobald Sie einen endgültigen Entwurf haben, arbeiten Sie mit Ihrem Team zusammen, um das Produkt oder die Dienstleistung zu implementieren. Sammeln Sie nach der Einführung weiterhin das Feedback der Nutzer und bewerten Sie die Leistung Ihres Produkts, und nehmen Sie gegebenenfalls Anpassungen vor, um die Bedürfnisse und Erwartungen der Nutzer besser zu erfüllen.

Machen Sie sich auf Ihrer Reise in die Welt des UX-Designs die Prinzipien des nutzerzentrierten Designs zu eigen und versuchen Sie, diese in Ihre Arbeit einzubinden. Auf diese Weise sind Sie gut gerüstet, um einprägsame und wirkungsvolle Benutzererlebnisse zu schaffen, die bei Ihrem Publikum wirklich ankommen.

gemeinsame ux design tools und technologien

Wenn Sie sich auf den Weg zum UX-Designer machen, ist es wichtig, sich mit den in diesem Bereich üblichen Tools und Technologien vertraut zu machen. Diese Tools können dazu beitragen, Ihren Designprozess zu optimieren, die Zusammenarbeit zu erleichtern und Ihre kreativen Visionen zum Leben zu erwecken. In diesem Abschnitt werden wir einige beliebte UX-Design-Tools und -Technologien vorstellen und ihre Funktionen, Stärken und Anwendungen diskutieren.

Skizze

1. Sketch ist ein weit verbreitetes vektorbasiertes Design-Tool, das hauptsächlich für die Erstellung von Benutzeroberflächen und digitalen Designs verwendet wird. Seine einfache, intuitive Benutzeroberfläche macht es sowohl Anfängern als auch erfahrenen Designern leicht, damit zu arbeiten. Einige der wichtigsten Funktionen von Sketch sind:

- Zeichenflächen: Mit Sketch können Sie mehrere Zeichenflächen in einem einzigen Dokument erstellen, was Ihren Arbeitsablauf vereinfacht und die Verwaltung komplexer Projekte erleichtert.
- Symbole: Wiederverwendbare Komponenten können mit Hilfe von Symbolen erstellt werden, wodurch die Konsistenz Ihrer Entwürfe gewährleistet und der Entwurfsprozess beschleunigt wird.
- Plugins: Mit der umfangreichen Plugin-Bibliothek von Sketch können Sie die Funktionalität des Tools erweitern und mit anderen Anwendungen und Diensten integrieren, um Ihren Workflow zu verbessern.

Adobe XD

1. Adobe XD ist ein weiteres beliebtes Design-Tool, das sich auf die Erstellung von Benutzeroberflächen und interaktiven Prototypen konzentriert. Es ist Teil der Adobe Creative Cloud-Suite und lässt sich daher leicht in andere Adobe-Anwendungen wie Photoshop und Illustrator integrieren. Zu den wichtigsten Funktionen von Adobe XD gehören:

- Auto-Animation: Mit dieser Funktion können Sie animierte Übergänge zwischen Zeichenflächen erstellen, die Ihre Entwürfe zum Leben erwecken und es einfacher machen, Interaktionen zu demonstrieren.
- Raster wiederholen: Mit dem Werkzeug "Wiederholungsraster" können Sie Listen und Raster mühelos erstellen und bearbeiten und so auf einfache Weise responsive Layouts gestalten.
- Co-Bearbeitung: Adobe XD unterstützt die Zusammenarbeit in Echtzeit, sodass mehrere Teammitglieder gleichzeitig an demselben Dokument arbeiten können.

Figma

1. Figma ist ein browserbasiertes Design- und Prototyping-Tool, das die Zusammenarbeit in Echtzeit unterstützt. Dank der Cloud-Basierung können Sie von jedem Gerät aus auf Ihre Projekte zugreifen und nahtlos mit anderen Teammitgliedern zusammenarbeiten. Einige bemerkenswerte Funktionen von Figma sind:

- Komponenten: Mit den Komponenten von Figma ist es einfach, wiederverwendbare UI-Elemente zu erstellen, die die Konsistenz Ihrer Designs gewährleisten und die Designzeit verkürzen.

- Multiplayer-Bearbeitung: Figma ermöglicht es mehreren Teammitgliedern, gleichzeitig an demselben Dokument zu arbeiten, was die Zusammenarbeit mühelos macht.
- Versionsgeschichte: Mit dem in Figma integrierten Versionskontrollsystem können Sie Änderungen nachverfolgen und rückgängig machen und so sicherstellen, dass Ihre Arbeit nicht verloren geht.

InVision

1. InVision ist eine Plattform für Designzusammenarbeit und Prototyping, die sich in gängige Design-Tools wie Sketch und Adobe XD integrieren lässt. Sie ermöglicht es Designern, interaktive Prototypen zu erstellen, Feedback einzuholen und mit Teammitgliedern zusammenzuarbeiten. Zu den wichtigsten Funktionen von InVision gehören:

- InVision Studio: Mit InVision Studio, der Desktop-App von InVision, können Sie responsive Designs, Animationen und Interaktionen erstellen.
- Prototyping: Mit InVision lassen sich statische Entwürfe leicht in interaktive Prototypen umwandeln, mit denen Sie Ihre Entwürfe testen und optimieren können.
- Kollaboration: Die Kommentar- und Anmerkungsfunktionen von InVision machen es den Teammitgliedern leicht, während des gesamten Entwurfsprozesses Feedback zu geben und zusammenzuarbeiten.

Axure RP

1. Axure RP ist ein leistungsstarkes Design-Tool, das sich auf die Erstellung von Wireframes, Prototypen und Dokumentationen für Web- und mobile Anwendungen konzentriert. Mit seinem robusten Funktionssatz können Sie komplexe Interaktionen und bedingte Logik erstellen, was es zu einer beliebten Wahl

für fortgeschrittene Designer macht. Einige der wichtigsten Funktionen von Axure RP sind:

- Dynamischer Inhalt: Mit den dynamischen Panels von Axure RP können Sie interaktive Elemente wie Akkordeons und Karussells erstellen, ohne dass Sie programmieren müssen.
- Bedingte Logik: Implementieren Sie bedingte Logik, um komplexe Interaktionen und Benutzerströme zu simulieren.
- Adaptive Ansichten: Entwerfen Sie mit den adaptiven Ansichten von Axure RP mühelos für unterschiedliche Bildschirmgrößen und -ausrichtungen.

Balsamiq

1. Balsamiq ist ein Tool zur schnellen Erstellung von Wireframes und Mockups mit geringem Detaillierungsgrad. Die Drag-and-Drop-Oberfläche und die Bibliothek mit UI-Elementen erleichtern das Skizzieren von Ideen und das Überarbeiten von Designs. Einige der wichtigsten Funktionen von Balsamiq sind:

- Skizzenhaftes Interface: Die skizzenhafte Ästhetik von Balsamiq fördert den Fokus auf Funktionalität und Layout und nicht auf visuelles Design, was es ideal für Designarbeiten in der Frühphase macht.
- UI-Bibliothek: Greifen Sie auf eine umfassende Bibliothek mit vorgefertigten UI-Komponenten zu, um Ihren Designprozess zu beschleunigen.
- Kollaboration: Balsamiq unterstützt die Zusammenarbeit in Echtzeit und erleichtert so die Zusammenarbeit mit Teamkollegen und das Einholen von Feedback zu Ihren Designs.

Marvel

1. Marvel ist eine Plattform für Design, Prototyping und
   Zusammenarbeit, mit der Sie aus statischen Entwürfen
   interaktive Prototypen erstellen können. Es unterstützt die
   Integration mit Tools wie Sketch, Adobe XD und Figma, so
   dass Sie Ihre Entwürfe ganz einfach zum Leben erwecken
   können. Zu den wichtigsten Funktionen von Marvel gehören:

- Prototyping: Erstellen Sie mit der intuitiven Oberfläche von
  Marvel und den vorgefertigten UI-Komponenten ganz einfach
  interaktive Prototypen.
- Benutzer-Tests: Führen Sie Benutzertests direkt in Marvel
  durch, um Erkenntnisse zu sammeln und Ihre Designs zu
  verbessern.
- Übergabe: Die Handoff-Funktion von Marvel generiert Code,
  Spezifikationen und Assets für Entwickler und rationalisiert so
  den Übergang vom Design zur Entwicklung.

Sich mit diesen gängigen UX-Design-Tools und -Technologien
vertraut zu machen, ist ein wichtiger Schritt auf dem Weg zu einem
qualifizierten UX-Designer. Jedes Tool bietet einzigartige Funktionen
und Stärken, also nehmen Sie sich die Zeit, sie zu erkunden und herauszufinden, welches am besten zu Ihren Bedürfnissen und Ihrem Workflow
passt. Wenn Sie diese Tools beherrschen, werden Sie feststellen, dass Ihr
Designprozess effizienter und angenehmer wird, so dass Sie außergewöhnliche Benutzererlebnisse schaffen können, die sich wirklich von
anderen abheben.

branchentrends und zukünftige entwicklungen

Als UX-Designer ist es wichtig, über die neuesten Trends und Entwick-
lungen in der Branche informiert zu sein. Indem Sie sich über neue
Entwicklungen auf dem Laufenden halten, können Sie sicherstellen, dass
Ihre Fähigkeiten relevant bleiben und Sie weiterhin innovative Nutzerer-
lebnisse schaffen. In diesem Abschnitt werden wir einige der wichtigsten
Branchentrends und zukünftigen Entwicklungen in der Welt des UX-
Designs untersuchen.

Das Aufkommen von Sprach- und Gesprächsschnittstellen

1. Mit der zunehmenden Beliebtheit von sprachgesteuerten Geräten wie Amazon Echo und Google Home steigt die Nachfrage nach Sprach- und Konversationsschnittstellen rapide an. Als UX-Designer müssen Sie verstehen, wie Sie diese neuen Arten von Interaktionen gestalten können, indem Sie Faktoren wie Spracherkennung, Verarbeitung natürlicher Sprache und Benutzerkontext berücksichtigen. Da sich diese Technologien ständig weiterentwickeln, müssen Designer ihre Herangehensweise anpassen, um diesem Wandel in der Benutzerinteraktion gerecht zu werden.

Künstliche Intelligenz und maschinelles Lernen

1. Künstliche Intelligenz (KI) und maschinelles Lernen haben begonnen, in verschiedenen Branchen, darunter auch im UX-Design, erhebliche Auswirkungen zu haben. Diese Technologien haben das Potenzial, die Arbeitsweise von Designern zu revolutionieren, indem sie Aufgaben wie Datenanalyse, Nutzertests und sogar die Erstellung von Designelementen automatisieren. Durch den Einsatz von KI und maschinellem Lernen können UX-Designer personalisiertere und dynamischere Benutzererlebnisse schaffen, die auf individuellen Benutzerpräferenzen und -verhaltensweisen basieren.

Erweiterte Realität (AR) und virtuelle Realität (VR)

1. AR- und VR-Technologien setzen sich immer mehr durch und bieten den Nutzern neue und immersive Möglichkeiten, mit digitalen Inhalten zu interagieren. Als UX-Designer müssen Sie wissen, wie man diese immersiven Umgebungen gestaltet und dabei Faktoren wie räumliche Navigation, 3D-UI-Elemente und Benutzerkomfort berücksichtigt. Da AR und VR weiter auf dem Vormarsch sind, werden Designer, die

überzeugende Erlebnisse für diese Plattformen schaffen können, sehr gefragt sein.

Eingliederung und Zugänglichkeit

1. In den letzten Jahren wurde immer mehr Wert auf eine integrative und barrierefreie Gestaltung gelegt. Das bedeutet, dass man Benutzererfahrungen schaffen muss, die einer Vielzahl von Benutzern gerecht werden, einschließlich derer mit Behinderungen oder Beeinträchtigungen. Als UX-Designer ist es wichtig, bei der Gestaltung Ihrer Produkte die Bedürfnisse aller Nutzer zu berücksichtigen und sicherzustellen, dass Ihre Entwürfe für alle zugänglich und nutzbar sind und Spaß machen.

Die Bedeutung von Ethik im UX-Design

1. Als UX-Designer haben wir die Verantwortung, Produkte zu entwickeln, die nicht nur ein positives Nutzererlebnis bieten, sondern auch keinen Schaden anrichten. Dazu gehört, dass wir die ethischen Implikationen unserer Designentscheidungen berücksichtigen und die Privatsphäre, die Sicherheit und das Wohlbefinden der Nutzer in den Vordergrund stellen. Während sich die Branche weiterentwickelt, müssen Designer eine aktivere Rolle übernehmen, um sicherzustellen, dass ihre Arbeit mit ethischen Prinzipien übereinstimmt und einen verantwortungsvollen Umgang mit Technologie fördert.

Fernarbeit und Kollaboration

1. Die Verlagerung hin zur Telearbeit hat die Art und Weise, wie Designer zusammenarbeiten und kommunizieren, verändert. Viele UX-Designer arbeiten heute remote, was die Einführung neuer Tools und Prozesse erfordert, um eine effektive Zusammenarbeit zu ermöglichen. Mit der zunehmenden Verbreitung von Remote-Arbeiten müssen UX-Designer ihre

Arbeitsabläufe anpassen und neue Methoden der Kommunikation und Zusammenarbeit anwenden, um eine nahtlose Teamarbeit und Projektausführung zu gewährleisten.

Das Wachstum der Designsysteme

1. Designsysteme werden immer beliebter, da Unternehmen den Wert eines konsistenten, skalierbaren und effizienten Designansatzes erkennen. Ein Designsystem ist ein umfassender Satz von Designrichtlinien, UI-Komponenten und Prozessen, die es Teams ermöglichen, konsistente Benutzererlebnisse über Produkte und Plattformen hinweg zu schaffen. Als UX-Designer ist das Verständnis, wie man Designsysteme erstellt und mit ihnen arbeitet, unerlässlich, um Konsistenz zu gewährleisten, die Zusammenarbeit zu verbessern und den Designprozess zu rationalisieren.

Fachübergreifende Zusammenarbeit

1. Ein weiterer Trend in der UX-Design-Branche ist die zunehmende Zusammenarbeit zwischen verschiedenen Disziplinen. Designer arbeiten jetzt enger mit Entwicklern, Produktmanagern, Datenwissenschaftlern und anderen Stakeholdern zusammen, um kohärente und abgerundete Nutzererlebnisse zu schaffen. Als UX-Designer ist es wichtig, starke Kommunikations- und Teamworkfähigkeiten zu entwickeln, damit Sie effektiv mit Fachleuten mit unterschiedlichem Hintergrund zusammenarbeiten können.

Die Integration von UX-Design und Unternehmensstrategie

1. UX-Design wird zunehmend als entscheidende Komponente des Geschäftserfolgs erkannt. Unternehmen wenden sich heute an UX-Designer, um ihre Geschäftsstrategien zu gestalten und sicherzustellen, dass ihre Produkte und Dienstleistungen die Bedürfnisse der Nutzer erfüllen und

einen Wettbewerbsvorteil auf dem Markt bieten. Als UX-Designer müssen Sie den geschäftlichen Kontext Ihrer Arbeit verstehen und berücksichtigen, wie sich Ihre Designentscheidungen auf die übergeordneten Unternehmensziele auswirken.

Personalisierung und kontextbezogenes Design

1. Mit dem technologischen Fortschritt und der zunehmenden Menge an verfügbaren Benutzerdaten bietet sich für UX-Designer die Möglichkeit, personalisierte und kontextbezogene Benutzererlebnisse zu schaffen. Durch die Nutzung von Daten und Erkenntnissen über Nutzerverhalten, Vorlieben und Kontexte können Designer maßgeschneiderte Erlebnisse schaffen, die sich an die individuellen Bedürfnisse der Nutzer anpassen. Als UX-Designer ist es wichtig zu wissen, wie man mit Daten arbeitet, Erkenntnisse der Nutzer einbezieht und für die Personalisierung entwirft, ohne dabei die Privatsphäre und das Vertrauen der Nutzer zu verletzen.

Um in der sich schnell entwickelnden Welt des UX-Designs die Nase vorn zu haben, ist es entscheidend, sich ständig weiterzubilden und über die neuesten Trends und Entwicklungen informiert zu bleiben. Wenn Sie sich auf Veränderungen einlassen, sich an neue Technologien und Methoden anpassen und Ihre Fähigkeiten kontinuierlich verbessern, sind Sie gut aufgestellt, um in den kommenden Jahren als UX-Designer erfolgreich zu sein. Denken Sie daran, dass die Zukunft des UX-Designs ebenso aufregend wie unvorhersehbar ist, und ein Teil dieses dynamischen Bereichs zu sein bedeutet, dass Sie nie aufhören werden, neue Herausforderungen und Möglichkeiten zu entdecken.

3 /

kapitel 2: arten von ausbildung und bildung

formale bildung

WENN SIE EINE Karriere im UX-Design anstreben, fragen Sie sich vielleicht, welche Rolle die formale Ausbildung auf Ihrem Weg spielt. Es stimmt zwar, dass viele erfolgreiche UX-Designer ihren eigenen Weg durch Selbststudium und praktische Erfahrung eingeschlagen haben, aber eine formale Ausbildung kann eine solide Grundlage bilden und Ihnen einen Wettbewerbsvorteil auf dem Arbeitsmarkt verschaffen. In diesem Abschnitt werden wir verschiedene formale Bildungsoptionen erkunden, von grundständigen Abschlüssen bis hin zu spezialisierten Programmen, und diskutieren, wie sie Ihnen helfen können, ein starkes Fundament im UX Design aufzubauen.

Undergraduate-Abschlüsse

1. Ein Bachelor-Abschluss in einem relevanten Bereich kann ein hervorragender Ausgangspunkt für eine Karriere im UX-Design sein. Viele Universitäten und Hochschulen bieten inzwischen Abschlüsse in Bereichen wie Human-Computer Interaction, Interaction Design oder Cognitive Science an. Diese Studiengänge bieten eine umfassende Ausbildung in den Bereichen Design, menschliches Verhalten und Technologie und rüsten Sie mit den Fähigkeiten und

Kenntnissen aus, die Sie für eine erfolgreiche Tätigkeit als UX-Designer benötigen.

Weitere Studienabschlüsse, die für eine Karriere im UX-Design von Vorteil sein können, sind:

- Grafikdesign: Obwohl UX Design über visuelles Design hinausgeht, kann es von Vorteil sein, einen starken Hintergrund in Grafikdesign zu haben. In Grafikdesign-Studiengängen werden oft grundlegende Designprinzipien, Typografie und Farbtheorie gelehrt, die alle im UX-Design angewendet werden können.
- Psychologie: Da sich UX-Design auf das Verständnis und die Erfüllung von Nutzerbedürfnissen konzentriert, kann ein Abschluss in Psychologie wertvolle Einblicke in menschliches Verhalten, kognitive Prozesse und Entscheidungsfindung liefern.
- Informatik: Ein Hintergrund in Informatik kann Ihnen helfen, die technischen Aspekte des UX-Designs zu verstehen, z. B. Kodierung, Algorithmen und Softwareentwicklungsprozesse.

Graduierte Abschlüsse

1. Wenn Sie bereits einen Bachelor-Abschluss in einem nicht verwandten Fachgebiet haben, kann Ihnen ein Aufbaustudium in UX-Design oder einer verwandten Disziplin den Einstieg in das Fachgebiet erleichtern. Viele Universitäten bieten Master- und Promotionsprogramme in Bereichen wie Human-Computer Interaction, Interaction Design und Informationsarchitektur an. Diese Programme bieten in der Regel fortgeschrittene Kurse in Designtheorie, Forschungsmethoden und Benutzerfreundlichkeit sowie die Möglichkeit, an realen Projekten zu arbeiten und praktische Erfahrungen zu sammeln.

Bootcamps und spezialisierte Programme

1. Bootcamps und spezialisierte Programme sind intensive, kurzfristige Schulungen, die praktische Erfahrungen im UX-Design vermitteln. Diese Programme dauern in der Regel mehrere Wochen bis einige Monate und konzentrieren sich auf die Vermittlung praktischer Fähigkeiten durch projektbasiertes Lernen. Viele Bootcamps bieten auch berufsbegleitende Dienstleistungen an, wie z. B. Unterstützung bei der Arbeitsvermittlung, Networking-Möglichkeiten und Mentoring.

Zu den beliebten UX Design Bootcamps und spezialisierten Programmen gehören:

- Generalversammlung: Bietet ein 12-wöchiges Vollzeitprogramm für UX Design Immersive sowie Teilzeit-, Abend- und Wochenendkurse an.
- CareerFoundry: Bietet ein Online-Programm für UX-Design zum Selbststudium mit persönlicher Betreuung und Karriereunterstützung.
- Sprungbrett: Bietet ein Online-Programm für UX-Design zum Selbststudium an, das Mentoring, reale Projekte und eine Jobgarantie umfasst.

Online-Kurse und Zertifizierungen

1. Es gibt zahlreiche Online-Kurse und Zertifizierungsprogramme für diejenigen, die UX Design in ihrem eigenen Tempo lernen möchten. Diese Kurse decken verschiedene Aspekte des UX-Designs ab, von den Grundlagen bis hin zu spezielleren Themen, und beinhalten oft Videovorlesungen, Lesungen, Quizfragen und Aufgabenstellungen. Einige bekannte Plattformen, die UX-Design-Kurse und -Zertifizierungen anbieten, sind:

- Coursera: Bietet eine Reihe von UX-Design-Kursen, einschließlich einer beliebten Interaktionsdesign-Spezialisierung von der University of California, San Diego.
- Udemy: Bietet eine große Auswahl an UX-Design-Kursen zu Themen wie Nutzerforschung, Wireframing und Prototyping.
- LinkedIn Lernen: Bietet eine umfassende Bibliothek von UX-Design-Kursen, einschließlich eines Lernpfads, der die Grundlagen des UX-Designs abdeckt.

Networking und Berufsvereinigungen

1. Zusätzlich zur formalen Ausbildung ist es wichtig, ein aktives Mitglied der UX-Design-Community zu werden. Die Teilnahme an Branchenveranstaltungen, Konferenzen und Meetups kann Ihnen helfen, sich mit anderen Fachleuten zu vernetzen, über die neuesten Trends und Entwicklungen informiert zu bleiben und von Branchenexperten zu lernen.

Sie können auch in Erwägung ziehen, Berufsverbänden beizutreten, wie der Interaction Design Association (IxDA) oder der User Experience Professionals Association (UXPA). Diese Organisationen bieten oft wertvolle Ressourcen wie Workshops, Webinare und Publikationen sowie Möglichkeiten, sich mit anderen UX-Designern und Branchenexperten auszutauschen.

Aufbau eines starken Portfolios

1. Unabhängig davon, für welchen formalen Ausbildungsweg Sie sich entscheiden, ist es wichtig, ein starkes Portfolio zu entwickeln, das Ihre Fähigkeiten, Ihr Wissen und Ihre Erfahrung im Bereich UX-Design zeigt. Ihr Portfolio sollte eine Vielzahl von Projekten enthalten, die Ihre Fähigkeit zur Anwendung von UX-Design-Prinzipien in verschiedenen Kontexten und auf verschiedenen Plattformen demonstrieren.

Während Ihrer formalen Ausbildung sollten Sie Ihre Projekte dokumentieren und Artefakte wie Skizzen, Wireframes, Prototypen und

Forschungsergebnisse sammeln. Diese Artefakte helfen Ihnen, ein überzeugendes Portfolio zu erstellen, das nicht nur das Endergebnis Ihrer Arbeit, sondern auch den Denkprozess und die Problemlösungsfähigkeiten hinter Ihren Entwürfen zeigt.

Letztlich liegt der Wert einer formalen Ausbildung im Bereich UX-Design darin, dass sie eine strukturierte Lernumgebung, Zugang zu erfahrenen Ausbildern und Möglichkeiten für praktische Erfahrungen bietet. Auch wenn es möglich ist, in diesem Bereich ohne einen formalen Abschluss oder ein Zertifikat erfolgreich zu sein, kann die Teilnahme an einem strukturierten Bildungsprogramm Ihnen dabei helfen, eine solide Grundlage zu schaffen und Ihre berufliche Entwicklung zu beschleunigen.

Denken Sie auf Ihrem Bildungsweg daran, dass Lernen ein lebenslanger Prozess ist, und dass die erfolgreichsten UX-Designer diejenigen sind, die ihr Wissen und ihre Fähigkeiten ständig erweitern wollen. Nehmen Sie die Gelegenheit wahr, von Ihren Erfahrungen, Ihren Kollegen und der sich ständig weiterentwickelnden Welt des UX-Designs zu lernen, und Sie werden auf dem besten Weg zu einer erfüllenden und lohnenden Karriere sein.

bootcamps und online-kurse

Wenn Sie sich auf den Weg zum UX-Designer machen, fragen Sie sich vielleicht, welchen Ausbildungsweg Sie am besten einschlagen sollten. Bootcamps und Online-Kurse sind zunehmend beliebte Alternativen zur traditionellen, formalen Ausbildung und bieten eine flexible und fokussierte Ausbildung in einem kürzeren Zeitrahmen. In diesem Abschnitt tauchen wir tiefer in die Welt der UX-Design-Bootcamps und Online-Kurse ein und erörtern ihre Vorteile, was Sie erwarten können und wie Sie das richtige Programm für sich auswählen.

Die Anziehungskraft von Bootcamps und Online-Kursen

1. Bootcamps und Online-Kurse haben in den letzten Jahren an Beliebtheit gewonnen, da sie gegenüber traditionellen Bildungsprogrammen mehrere Vorteile bieten. Einige dieser Vorteile sind:

- Flexibilität: Viele Online-Kurse und einige Bootcamps ermöglichen es Ihnen, in Ihrem eigenen Tempo und nach Ihrem eigenen Zeitplan zu lernen, was es Ihnen erleichtert, Ihr Studium mit Arbeit, Familie oder anderen Verpflichtungen zu vereinbaren.
- Erschwinglichkeit: Bootcamps und Online-Kurse sind oft erschwinglicher als herkömmliche Studiengänge, was die finanzielle Belastung durch eine Ausbildung im Bereich UX-Design verringert.
- Praxisnähe: Diese Studiengänge konzentrieren sich in der Regel auf praktisches, projektbasiertes Lernen, das es Ihnen ermöglicht, praktische Erfahrungen zu sammeln und ein Arbeitsportfolio zu erstellen, mit dem Sie Ihre Fähigkeiten bei potenziellen Arbeitgebern unter Beweis stellen können.
- Schnelligkeit: Bootcamps und Online-Kurse können in wenigen Wochen oder Monaten absolviert werden, so dass Sie sich schnell die Fähigkeiten und Kenntnisse aneignen können, die Sie für den Einstieg in das Berufsleben oder für eine berufliche Veränderung benötigen.

Arten von Bootcamps und Online-Kursen

1. Es gibt eine große Auswahl an Bootcamps und Online-Kursen, die jeweils ihre eigenen Angebote und Schwerpunkte haben. Einige gängige Arten von Programmen sind:

- Vollzeit-Bootcamps: Intensive, intensive Programme, die in der Regel mehrere Wochen bis einige Monate dauern und ein Vollzeit-Engagement erfordern. Diese Programme bieten oft eine eingehende Schulung, Mentoren und Unterstützung bei der Arbeitsvermittlung.
- Teilzeit-Bootcamps: Ähnlich wie Vollzeit-Bootcamps, aber mit einem flexibleren Zeitplan, der es Ihnen ermöglicht, weiter zu arbeiten oder andere Verpflichtungen zu erfüllen, während Sie lernen. Diese Programme umfassen oft Abend- und Wochenendkurse.

- Online-Kurse zum Selbststudium: Diese Kurse bieten eine flexible, asynchrone Lernerfahrung, die es Ihnen ermöglicht, Kursarbeiten und Aufgaben nach Ihrem eigenen Zeitplan zu erledigen. Sie können Videovorträge, Lesungen, Tests und Projekte beinhalten.
- Online-Kursreihen oder Spezialisierungen: Eine Sammlung verwandter Kurse, die zusammen eine umfassende Schulung in einem bestimmten Bereich des UX-Designs bieten. Diese Serien umfassen oft mehrere Kurse, Projekte und Beurteilungen.

Die Wahl des richtigen Programms

1. Bei dem großen Angebot an Bootcamps und Online-Kursen kann die Auswahl des richtigen Programms eine schwierige Aufgabe sein. Hier sind einige Faktoren, die Sie bei der Bewertung Ihrer Optionen berücksichtigen sollten:

- Lehrplan: Achten Sie auf Studiengänge, die die wichtigsten Grundsätze und Fähigkeiten abdecken, die für eine erfolgreiche Karriere im UX-Design erforderlich sind, z. B. Nutzerforschung, Informationsarchitektur, Wireframing, Prototyping und Usability-Tests. Vergewissern Sie sich, dass der Lehrplan mit Ihren Zielen und Interessen übereinstimmt.
- Lehrkräfte: Informieren Sie sich über den Hintergrund und das Fachwissen der Dozenten, da ihre Erfahrung und ihr Lehrstil einen erheblichen Einfluss auf Ihre Lernerfahrung haben können.
- Bewertungen und Zeugnisse: Informieren Sie sich über Bewertungen und Zeugnisse ehemaliger Studenten, um einen Einblick in die Qualität des Programms und die Wirksamkeit des Lehrplans zu erhalten.
- Networking und Karriereunterstützung: Viele Bootcamps und Online-Kurse bieten zusätzliche Dienstleistungen an, z. B. Mentoring, Networking-Veranstaltungen und Unterstützung bei der Arbeitsvermittlung. Diese Ressourcen können von

unschätzbarem Wert sein, wenn es darum geht, Ihre Karriere im UX-Design zu starten.

- Kosten und Finanzierungsmöglichkeiten: Berücksichtigen Sie die Kosten des Programms und erkunden Sie mögliche Finanzierungsoptionen oder Stipendien, die verfügbar sind. Denken Sie daran, dass sich die Investition in eine hochwertige Ausbildung langfristig auszahlen wird, aber es ist wichtig, ein Programm zu wählen, das mit Ihrem Budget vereinbar ist.

1. Machen Sie das Beste aus Ihrer Bootcamp- oder Online-Kurs-Erfahrung

Wenn Sie sich für das richtige Bootcamp oder den richtigen Online-Kurs entschieden haben, ist es wichtig, dass Sie das Beste aus Ihrer Lern-erfahrung machen. Hier sind einige Tipps, die Ihnen zum Erfolg verhelfen:

- Engagieren Sie sich voll und ganz: Gehen Sie mit Neugier und Hingabe an Ihr Studium heran. Beteiligen Sie sich aktiv an Diskussionen, erledigen Sie Aufgaben und suchen Sie das Feedback von Dozenten und Kollegen, um Ihr Verständnis für den Stoff zu verbessern.
- Wenden Sie Ihr Wissen an: Wenden Sie die Konzepte und Techniken, die Sie lernen, auf reale Projekte an, indem Sie entweder an Aufgaben innerhalb des Kurses arbeiten oder Ihre eigenen Nebenprojekte erstellen. Dies wird Ihnen helfen, ein starkes Portfolio aufzubauen und Ihr Verständnis des Materials zu festigen.
- Vernetzen Sie sich mit Gleichaltrigen und Fachleuten: Nutzen Sie alle Vernetzungsmöglichkeiten, die Ihr Studiengang bietet, z. B. Online-Foren, Meetings oder Konferenzen. Der Aufbau von Kontakten zu Kommilitonen und Fachleuten aus der Branche kann zu wertvollen Kooperationen, Mentorenschaften und Jobangeboten führen.
- Suchen Sie nach zusätzlichen Ressourcen: Nutzen Sie zusätzliche Ressourcen wie Bücher, Artikel, Podcasts und

Blogs, um Ihr Verständnis von UX Design zu vertiefen und sich über Branchentrends zu informieren.

- Reflektieren Sie Ihre Fortschritte: Bewerten Sie regelmäßig Ihre Fortschritte und Leistungen während des Kurses und nutzen Sie diese Informationen, um sich Ziele für weiteres Wachstum und Entwicklung zu setzen.

1. Der Übergang zu einer UX-Design-Karriere

Wenn Sie Ihr Bootcamp oder Ihren Online-Kurs abgeschlossen haben, werden Sie wahrscheinlich darauf brennen, Ihre neu erworbenen Fähigkeiten zu nutzen und Ihre Karriere im UX-Design zu beginnen. Hier sind einige Schritte, die Ihnen helfen, einen erfolgreichen Übergang zu schaffen:

- Aktualisieren Sie Ihren Lebenslauf: Heben Sie Ihre UX-Design-Fähigkeiten, relevante Kursarbeit und alle Projekte hervor, die Sie während Ihres Programms abgeschlossen haben. Achten Sie darauf, die Wirkung und die Ergebnisse Ihrer Arbeit zu betonen.
- Erstellen Sie ein überzeugendes Portfolio: Erstellen Sie eine professionelle Portfolio-Website, auf der Sie Ihre besten Arbeiten präsentieren, einschließlich Artefakte wie Wireframes, Prototypen und Forschungsergebnisse. Ihr Portfolio sollte eine Geschichte über Ihren Designprozess und Ihre Problemlösungsfähigkeiten erzählen.
- Nutzen Sie Ihr Netzwerk: Wenden Sie sich an Ihre Kontakte aus dem Bootcamp oder dem Online-Kurs, einschließlich Ausbilder, Mentoren und Kollegen, um Ratschläge, Jobangebote oder Empfehlungen zu erhalten. Nehmen Sie an Branchenveranstaltungen teil und treten Sie Berufsverbänden bei, um Ihr Netzwerk weiter auszubauen.
- Bewerben Sie sich für Praktika oder Einstiegspositionen: Sammeln Sie praktische Erfahrungen, indem Sie sich für Praktika oder Einstiegspositionen im Bereich UX-Design bewerben. Auf diese Weise erhalten Sie eine wertvolle

Ausbildung am Arbeitsplatz und können sich einen guten
beruflichen Ruf aufbauen.

selbststudium und online-ressourcen

Während formale Ausbildungen, Bootcamps und Online-Kurse wertvolle Wege sind, um UX-Designer zu werden, kann das Selbststudium
auch ein effektiver Ansatz für diejenigen sein, die eine unabhängigere
Lernerfahrung bevorzugen. In diesem Abschnitt gehen wir auf die
Vorteile des Selbststudiums ein, geben Ihnen Hinweise zur Strukturierung Ihrer Lernreise und stellen Ihnen eine Reihe von Online-Ressourcen
vor, mit denen Sie Ihre Fähigkeiten und Ihr Wissen im Bereich UX-
Design ausbauen können.

Die Vorteile des Selbststudiums

1. Das Selbststudium bietet angehenden UX-Designern mehrere
   Vorteile, darunter:

- Flexibilität: Das Selbststudium ermöglicht es Ihnen, in Ihrem
  eigenen Tempo und nach Ihrem eigenen Zeitplan zu lernen,
  was es zu einer idealen Option für diejenigen macht, die
  Arbeit, Familie oder andere Verpflichtungen haben.
- Anpassungsfähigkeit: Durch die Auswahl Ihrer eigenen
  Lernmaterialien und Ressourcen können Sie Ihre Ausbildung
  auf Ihre spezifischen Interessen und Ziele abstimmen und sich
  auf die Bereiche konzentrieren, die für Ihren angestrebten
  Karriereweg am wichtigsten sind.
- Kosteneffizienz: Viele Online-Ressourcen sind kostenlos oder
  zu einem geringen Preis erhältlich, was das Selbststudium zu
  einer erschwinglichen Option macht, um Ihre Fähigkeiten und
  Kenntnisse im Bereich UX-Design zu erweitern.
- Selbstständigkeit: Das Selbststudium fördert ein Gefühl der
  Unabhängigkeit und Selbstverantwortung und befähigt Sie,
  Ihr Lernen und Ihre Entwicklung selbst in die Hand zu
  nehmen.

Strukturierung Ihres Selbststudiums

1. Auch wenn das Selbststudium ein hohes Maß an Freiheit und Flexibilität bietet, ist es unerlässlich, einen strukturierten Lernplan zu erstellen, um sicherzustellen, dass Ihre Bemühungen zielgerichtet und effektiv sind. Hier sind einige Schritte, die Ihnen den Einstieg erleichtern:

- Definieren Sie Ihre Ziele: Beginnen Sie damit, Ihre spezifischen Ziele für Ihr Selbststudium zu bestimmen. Welche Fähigkeiten möchten Sie entwickeln? Welche Wissensgebiete möchten Sie erforschen? Klare Ziele helfen Ihnen, die am besten geeigneten Ressourcen auszuwählen und während Ihrer Lernreise motiviert zu bleiben.
- Recherchieren Sie das Feld: Machen Sie sich mit den wichtigsten Prinzipien, Techniken und Werkzeugen des UX-Designs vertraut. So erhalten Sie eine solide Grundlage für die Auswahl relevanter Lernressourcen und die Bewertung ihrer Qualität und Relevanz.
- Erstellen Sie einen Lernplan: Erstellen Sie einen Zeitplan und eine Liste von Ressourcen, die Sie bei Ihrem Selbststudium unterstützen. Nehmen Sie eine Mischung aus Büchern, Artikeln, Videos, Anleitungen und Projekten auf, um eine abgerundete Lernerfahrung zu gewährleisten.
- Legen Sie einen Zeitplan fest: Legen Sie einen regelmäßigen Studienplan fest, der es Ihnen ermöglicht, beständig Fortschritte zu erzielen und gleichzeitig Ihre anderen Verpflichtungen zu erfüllen. Nehmen Sie sich jede Woche bestimmte Zeitblöcke vor, um sich auf Ihr Selbststudium zu konzentrieren, und betrachten Sie diese Sitzungen als nicht verhandelbare Termine mit sich selbst.
- Verfolgen Sie Ihre Fortschritte: Überprüfen Sie regelmäßig Ihre Fortschritte und passen Sie Ihren Lernplan bei Bedarf an. Feiern Sie Ihre Erfolge und nutzen Sie Rückschläge als Chance für Wachstum und Reflexion.

Online-Ressourcen für das Selbststudium

1. Es gibt eine Fülle von Online-Ressourcen, die Sie auf Ihrem Weg zum Selbststudium im Bereich UX-Design unterstützen. Einige wichtige Kategorien von Ressourcen umfassen:

- Online-Tutorials und -Kurse: Viele Websites bieten kostenlose oder kostengünstige Tutorien und Kurse zum Thema UX-Design an, die Themen wie Benutzerforschung, Informationsarchitektur, Wireframing, Prototyping und Usability-Tests abdecken. Beispiele hierfür sind Coursera, Udemy, LinkedIn Learning und Skillshare.
- Blogs und Artikel: Bleiben Sie auf dem Laufenden über Branchentrends und bewährte Verfahren, indem Sie UX-Design-Blogs verfolgen und Artikel von Branchenexperten lesen. Zu den beliebtesten UX-Design-Blogs gehören Nielsen Norman Group, UX Collective, UX Design.cc und Smashing Magazine.
- Videos und Webinare: Videos und Webinare können visuelle Demonstrationen von UX-Design-Techniken und -Tools sowie Einblicke von Branchenexperten bieten. Suchen Sie nach Inhalten auf Plattformen wie YouTube, Vimeo und Websites von UX-Design-Konferenzen.
- Bücher und E-Books: Bücher können die Grundsätze und Praktiken des UX-Designs eingehend behandeln. Einige wichtige Titel sind "Don't Make Me Think" von Steve Krug, "The Design of Everyday Things" von Don Norman und "About Face: The Essentials of Interaction Design" von Alan Cooper. Viele Bücher sind sowohl in gedruckter Form als auch als E-Book erhältlich, so dass Sie das Format wählen können, das Ihren Vorlieben und Bedürfnissen am besten entspricht.
- Podcasts: Wenn Sie UX Design-Podcasts hören, können Sie sich über Branchentrends informieren, aus Interviews mit Fachleuten lernen und Einblicke in reale Projekte und Herausforderungen gewinnen. Einige beliebte UX-Design-Podcasts sind UX Podcast, The UX World und User Defenders.

- Online-Gemeinschaften und -Foren: Der Beitritt zu Online-Communities und -Foren kann Möglichkeiten für Networking, Zusammenarbeit und Mentoring sowie den Zugang zu wertvollen Ratschlägen und Ressourcen bieten. Beispiele sind die UX Mastery Community, Designer Hangout und der UX Design Subreddit.
- Werkzeuge und Software: Machen Sie sich mit den Tools und der Software vertraut, die von UX-Designern häufig verwendet werden, z. B. Sketch, Figma, Adobe XD und InVision. Viele dieser Tools bieten kostenlose Testversionen, Tutorials und Dokumentationen an, damit Sie ihre Funktionen und Möglichkeiten kennenlernen.

1. Tipps für ein erfolgreiches Selbststudium

Um das Beste aus Ihrem Selbststudium zu machen, sollten Sie die folgenden Tipps beachten:

- Bleiben Sie neugierig: Gehen Sie an Ihr Selbststudium mit einem offenen Geist und der Bereitschaft heran, neue Ideen und Perspektiven zu erkunden. Diese Neugierde wird Ihnen helfen, während Ihrer gesamten Lernreise engagiert und motiviert zu bleiben.
- Seien Sie beharrlich: Das Erlernen von UX-Design kann eine Herausforderung sein, und Sie werden auf dem Weg dorthin vielleicht auf Rückschläge stoßen. Nehmen Sie diese Herausforderungen als Chancen für Ihr Wachstum an und bleiben Sie beharrlich in Ihren Bemühungen, Ihre Ziele zu erreichen.
- Arbeiten Sie mit anderen zusammen: Vernetzen Sie sich mit anderen Selbststudierenden oder UX-Design-Profis über Online-Communities, Treffen oder soziale Medien. Der Austausch über Ihre Erfahrungen, Herausforderungen und Erfolge kann Ihnen wertvolle Unterstützung und Ermutigung bieten.

- Holen Sie Feedback ein: Bitten Sie regelmäßig um Feedback zu Ihrer Arbeit von Kollegen, Mentoren oder Fachleuten. Konstruktive Kritik kann Ihnen helfen, Verbesserungsmöglichkeiten zu erkennen und Ihre Fähigkeiten zu verbessern.
- Wenden Sie Ihr Wissen an: Wenden Sie die Konzepte und Techniken, die Sie lernen, auf reale Projekte an, indem Sie entweder an Aufgaben innerhalb des Kurses arbeiten oder Ihre eigenen Nebenprojekte erstellen. Dies wird Ihnen helfen, ein starkes Portfolio aufzubauen und Ihr Verständnis des Materials zu festigen.

In diesem digitalen Zeitalter gibt es praktisch unbegrenzte Ressourcen für diejenigen, die UX Design im Selbststudium erlernen möchten. Wenn Sie diese Ressourcen nutzen, einen strukturierten Lernplan erstellen und Ihre Ziele nicht aus den Augen verlieren, können Sie eine solide Grundlage im UX-Design aufbauen und eine lohnende Karriere in diesem dynamischen und wachsenden Bereich beginnen.

4 /

kapitel 3:
karrierewechsel
zum ux-design

bewertung ihrer derzeitigen fähigkeiten und erfahrungen

WENN SIE SICH auf den Weg machen, um UX-Designer zu werden, ist es wichtig, eine Bestandsaufnahme Ihrer derzeitigen Fähigkeiten und Erfahrungen zu machen. Indem Sie Ihre Stärken verstehen und verbesserungswürdige Bereiche identifizieren, können Sie einen gezielten und effektiven Lernplan erstellen, der Ihren individuellen Bedürfnissen und Zielen entspricht. In diesem Abschnitt erörtern wir die Bedeutung der Selbsteinschätzung, bieten Anleitungen zur Bewertung Ihrer Fähigkeiten und Erfahrungen und stellen Strategien zur Nutzung Ihres vorhandenen Fachwissens vor, um Ihren Übergang in die Welt des UX-Designs zu beschleunigen.

1. Die Bedeutung der Selbstbeurteilung

Die Selbstbewertung ist aus mehreren Gründen ein wichtiger Schritt auf Ihrem Weg zum UX-Design:

- Erkennen der Stärken: Das Erkennen Ihrer vorhandenen Fähigkeiten und Stärken kann Ihnen dabei helfen, Selbstvertrauen und Motivation aufzubauen und Bereiche zu

identifizieren, in denen Sie Ihr Fachwissen nutzen können, um
in Ihrer neuen Karriere zu glänzen.

- Aufdecken von Lücken: Die Bewertung Ihrer Fähigkeiten und
Erfahrungen kann Ihnen auch dabei helfen, Lücken in Ihrem
Wissen oder Ihren Fähigkeiten zu erkennen, so dass Sie Ihre
Lernanstrengungen effektiver priorisieren und ausrichten
können.

- Leiten Sie Ihr Lernen: Eine gründliche Selbsteinschätzung
kann wertvolle Erkenntnisse liefern, die Ihnen bei der
Auswahl von Bildungsressourcen helfen und sicherstellen,
dass Sie die relevantesten und nützlichsten Materialien für
Ihre Bedürfnisse auswählen.

- Realistische Ziele setzen: Wenn Sie Ihre derzeitigen
Fähigkeiten kennen, können Sie sich erreichbare Ziele setzen,
die mit Ihrem angestrebten Karriereweg übereinstimmen und
dazu beitragen, dass Sie während Ihrer Lernreise motiviert
und konzentriert bleiben.

1. Evaluierung Ihrer Fähigkeiten und Erfahrungen

Um Ihre derzeitigen Fähigkeiten und Erfahrungen zu bewerten,
sollten Sie die folgenden Schritte beachten:

- Überprüfen Sie die Grundlagen: Beginnen Sie damit, Ihr
Verständnis der wichtigsten Prinzipien und Konzepte des UX-
Designs zu überprüfen, wie z. B. nutzerzentriertes Design,
Benutzerfreundlichkeit, Informationsarchitektur und
Interaktionsdesign. Stellen Sie fest, ob Sie ein solides
Verständnis dieser Grundlagen haben oder ob Sie Zeit in den
Aufbau einer solideren Grundlage investieren müssen.

- Bewerten Sie die technischen Fähigkeiten: UX-Designer
arbeiten oft mit verschiedenen Tools und Software, um
Wireframes, Prototypen und andere Design-Artefakte zu
erstellen. Berücksichtigen Sie Ihre Kenntnisse in gängigen
Design-Tools wie Sketch, Figma oder Adobe XD sowie ggf.

Ihre Fähigkeit, in HTML, CSS und JavaScript zu
programmieren.

- Bewerten Sie Soft Skills: Soft Skills wie Kommunikation,
  Zusammenarbeit, Problemlösung und Einfühlungsvermögen
  spielen im UX Design eine entscheidende Rolle. Denken Sie
  über Ihre Stärken und Schwächen in diesen Bereichen nach
  und überlegen Sie, wie Sie Ihre Fähigkeiten verbessern können.
- Denken Sie über verwandte Erfahrungen nach: Überlegen Sie,
  ob Sie Erfahrungen in verwandten Bereichen wie
  Grafikdesign, Webentwicklung oder Projektmanagement
  haben. Diese Fähigkeiten und Erfahrungen können beim
  Übergang in eine UX-Design-Rolle von großem Nutzen sein.

1. Erstellung eines Kompetenzinventars

Sobald Sie Ihre Fähigkeiten und Erfahrungen bewertet haben,
erstellen Sie ein Kompetenzinventar, um Ihre Ergebnisse zu dokumentieren. Diese Bestandsaufnahme kann eine einfache Liste, eine Tabelle oder
sogar eine visuelle Darstellung sein, z. B. eine Mind Map. Fügen Sie die
folgenden Informationen in Ihr Kompetenzinventar ein:

- Fähigkeiten und Wissensgebiete: Führen Sie die spezifischen
  Fähigkeiten und Kenntnisse auf, die Sie als Stärken
  identifiziert haben, sowie diejenigen, die Sie weiter ausbauen
  möchten.
- Derzeitige Kompetenzstufen: Geben Sie für jede Fähigkeit oder
  jeden Wissensbereich Ihren derzeitigen Kenntnisstand anhand
  einer einfachen Bewertungsskala an, z. B. Anfänger,
  Mittelstufe oder Fortgeschrittene.
- Ziele für Verbesserungen: Setzen Sie sich für jeden Bereich, in
  dem Sie sich verbessern möchten, ein spezifisches, messbares
  und erreichbares Ziel, das Ihr gewünschtes Leistungsniveau
  widerspiegelt.
- Ressourcen für Wachstum: Nennen Sie die Ressourcen (Bücher,
  Kurse, Tutorials usw.), die Sie zur Erreichung Ihrer Ziele

nutzen wollen, und geben Sie einen Zeitplan für die
Fertigstellung jeder Ressource an.

1. Nutzen Sie Ihr vorhandenes Fachwissen

Bei der Entwicklung Ihrer UX-Design-Fähigkeiten ist es wichtig, dass
Sie den Wert Ihres vorhandenen Fachwissens erkennen. Im Folgenden
finden Sie einige Strategien, wie Sie Ihre aktuellen Fähigkeiten und
Erfahrungen nutzen können, um Ihren Übergang zum UX-Design zu
beschleunigen:

- Übertragbare Fähigkeiten: Nennen Sie alle übertragbaren
  Fähigkeiten aus Ihrer bisherigen Arbeit oder Ausbildung, die
  sich auf das UX-Design anwenden lassen. Beispielsweise
  können starke Kommunikationsfähigkeiten von Vorteil sein,
  wenn Sie Stakeholdern Design-Ideen präsentieren, während
  Projektmanagement-Erfahrungen bei der Koordination von
  Design-Projekten und der Zusammenarbeit mit
  Teammitgliedern von Vorteil sein können.
- Verwandte Erfahrungen: Wenn Sie Erfahrung in Bereichen wie
  Grafikdesign, Webentwicklung oder Marketing haben, sollten
  Sie überlegen, wie diese Fähigkeiten Ihr Fachwissen im
  Bereich UX-Design ergänzen können. Zum Beispiel kann ein
  Hintergrund in Grafikdesign Ihre visuellen Designfähigkeiten
  verbessern, während Webentwicklungskenntnisse Ihnen
  helfen können, technische Einschränkungen besser zu
  verstehen und mit Entwicklern zusammenzuarbeiten.
- Lernen Sie aus Ihrer Vergangenheit: Denken Sie über Ihre
  früheren Arbeitserfahrungen nach und identifizieren Sie
  Lektionen, Erkenntnisse oder bewährte Verfahren, die Sie auf
  Ihre neue Karriere im UX-Design anwenden können. Dazu
  können Strategien zur Problemlösung, zum Zeitmanagement
  oder zum Umgang mit schwierigen Situationen gehören.
- Vernetzen Sie sich mit Fachleuten: Nutzen Sie Ihr bestehendes
  Netzwerk, um mit UX-Design-Profis in Kontakt zu treten, die
  Sie beraten, betreuen oder Ihnen Jobs vermitteln können.

Besuchen Sie Branchenveranstaltungen, treten Sie Online-Communities bei oder nehmen Sie an lokalen Meetings teil, um Ihr Netzwerk zu erweitern und wertvolle Einblicke von anderen Fachleuten zu erhalten.

1. Überprüfen Sie Ihren Lernplan kontinuierlich und passen Sie ihn an

Auf Ihrem Weg zum UX-Designer ist es wichtig, Ihre Fähigkeiten und Erfahrungen regelmäßig zu überprüfen, um sicherzustellen, dass Sie auf dem richtigen Weg sind, um Ihre Ziele zu erreichen. Ziehen Sie die folgenden Strategien zur kontinuierlichen Selbsteinschätzung in Betracht:

- Regelmäßige Kontrollbesuche: Planen Sie regelmäßige Besprechungen mit sich selbst (alle paar Monate oder am Ende einer Lernressource), um Ihre Fortschritte zu bewerten, Ihr Kompetenzinventar zu überprüfen und Ihren Lernplan bei Bedarf anzupassen.
- Holen Sie Feedback ein: Holen Sie sich Feedback von Kollegen, Mentoren oder Fachleuten aus der Branche zu Ihrer Arbeit ein, und nutzen Sie dieses Feedback, um Bereiche für Wachstum und Verbesserungen zu ermitteln.
- Reflektieren Sie Ihre Erfahrungen: Wenn Sie an Projekten arbeiten oder Lernressourcen vervollständigen, nehmen Sie sich die Zeit, Ihre Erfahrungen zu reflektieren und zu überlegen, was Sie gelernt haben, welchen Herausforderungen Sie gegenüberstanden und wie Sie als Designer gewachsen sind.

Durch die kontinuierliche Bewertung Ihrer Fähigkeiten und Erfahrungen können Sie sicherstellen, dass Ihr Lernplan mit Ihren Zielen übereinstimmt und Sie stetige Fortschritte auf dem Weg zu Ihrer gewünschten Karriere im UX-Design machen.

Zusammenfassend lässt sich sagen, dass eine Bestandsaufnahme Ihrer derzeitigen Fähigkeiten und Erfahrungen ein wichtiger Schritt auf

Ihrem Weg zum UX-Designer ist. Indem Sie Ihre Stärken erkennen, verbesserungswürdige Bereiche identifizieren und einen gezielten Lernplan erstellen, können Sie effektiv und effizient das Fachwissen entwickeln, das Sie benötigen, um in diesem spannenden Bereich erfolgreich zu sein.

nutzung von übertragbaren qualifikationen

Beim Übergang zu einer Karriere im UX-Design werden Sie vielleicht überrascht sein, dass viele Ihrer vorhandenen Fähigkeiten in Ihrer neuen Rolle angewendet werden können. Diese übertragbaren Fähigkeiten, die in verschiedenen beruflichen oder schulischen Kontexten entwickelt werden können, können eine wertvolle Grundlage für Ihren Weg im UX-Design sein. In diesem Abschnitt gehen wir auf das Konzept der übertragbaren Fähigkeiten ein, erörtern mehrere Schlüsselqualifikationen, die für das UX-Design besonders relevant sind, und stellen Strategien vor, wie Sie Ihre übertragbaren Fähigkeiten nutzen können, um Ihre Karriere voranzutreiben.

1. Verständnis der übertragbaren Qualifikationen

Übertragbare Fähigkeiten sind Fähigkeiten, die in verschiedenen Branchen, Berufsrollen und Kontexten eingesetzt werden können. Diese Fähigkeiten werden oft durch frühere Berufserfahrung, Ausbildung oder persönliche Interessen entwickelt und können in einer Vielzahl von beruflichen Situationen eingesetzt werden. Übertragbare Fähigkeiten sind wertvoll, weil sie Ihnen helfen können, sich an neue Aufgaben und Verantwortlichkeiten anzupassen, was Sie zu einem vielseitigeren und attraktiveren Kandidaten auf dem Arbeitsmarkt macht.

1. Übertragbare Schlüsselqualifikationen für UX-Design

Während viele übertragbare Fähigkeiten für eine Karriere im UX-Design relevant sein können, sind einige besonders wichtig. Hier sind einige Schlüsselqualifikationen, die Sie berücksichtigen sollten:

- Kommunikation: Effektive Kommunikation ist im UX-Design unerlässlich, da Sie Ihre Ideen präsentieren, mit Teammitgliedern zusammenarbeiten und Feedback von Benutzern einholen müssen. Wenn Sie Erfahrung im öffentlichen Reden, Schreiben oder anderen kommunikationsbezogenen Aufgaben haben, werden diese Fähigkeiten in Ihrer neuen Karriere wertvoll sein.

- Problemlösung: UX-Designer sind ständig mit Herausforderungen konfrontiert, von der Identifizierung von Nutzerproblemen bis zur Entwicklung innovativer Lösungen, die diese Probleme angehen. Wenn Sie einen starken Hintergrund in der Problemlösung haben, entweder durch Berufserfahrung oder persönliche Interessen, wird diese Fähigkeit Ihnen im UX-Design gut dienen.

- Einfühlungsvermögen: Das Verstehen und Einfühlen in die Nutzer ist eine wichtige Komponente des UX-Designs. Wenn Sie in Positionen gearbeitet haben, in denen Sie mit Kunden, Klienten oder Kollegen interagieren, haben Sie wahrscheinlich Empathie-Fähigkeiten entwickelt, die Ihnen helfen können, die Bedürfnisse und Erfahrungen Ihrer Nutzer besser zu verstehen.

- Analytisches Denken: Die Analyse von Daten, das Erkennen von Mustern und die Gewinnung von Erkenntnissen sind wichtige Aspekte des UX-Designprozesses. Wenn Sie Erfahrung in Bereichen wie Datenanalyse, Marktforschung oder sogar Mathematik haben, können Sie diese analytischen Fähigkeiten nutzen, um Ihre Designentscheidungen zu unterstützen.

- Zeitmanagement: UX-Design-Projekte sind oft mit engen Fristen und konkurrierenden Prioritäten verbunden. Wenn Sie durch frühere Berufserfahrung ein gutes Zeitmanagement entwickelt haben, können diese Fähigkeiten Ihnen dabei helfen, mehrere Aufgaben zu jonglieren und sicherzustellen, dass Ihre Projekte rechtzeitig abgeschlossen werden.

1. Strategien für die Nutzung Ihrer übertragbaren
   Qualifikationen

Hier sind einige Strategien, die Ihnen helfen, Ihre übertragbaren Fähigkeiten zu nutzen, wenn Sie eine Karriere im UX-Design anstreben:

- Ermitteln Sie Ihre Stärken: Denken Sie zunächst über Ihre bisherigen Erfahrungen nach und ermitteln Sie die übertragbaren Fähigkeiten, die Sie entwickelt haben. Denken Sie an die Rollen, die Sie bekleidet haben, an die Herausforderungen, denen Sie sich gestellt haben, und an die Leistungen, auf die Sie besonders stolz sind, und überlegen Sie, welche Fähigkeiten zu Ihrem Erfolg beigetragen haben.
- Verbinden Sie die Punkte: Überlegen Sie, wie Ihre übertragbaren Fähigkeiten in einem UX-Design-Kontext eingesetzt werden können. Wenn Sie z. B. über starke Problemlösungskompetenzen verfügen, die Sie bei Ihrer Arbeit im Ingenieurwesen oder in der Beratung erworben haben, überlegen Sie, wie diese Fähigkeiten Ihnen dabei helfen können, Schmerzpunkte der Nutzer zu identifizieren und innovative Designlösungen zu entwickeln.
- Stellen Sie Ihre Fähigkeiten heraus: Stellen Sie Ihre übertragbaren Fähigkeiten in Ihrem Lebenslauf, Ihrem Portfolio und bei Vorstellungsgesprächen heraus. Geben Sie konkrete Beispiele dafür, wie Sie diese Fähigkeiten in der Vergangenheit eingesetzt haben, und erklären Sie, wie sie in einer Rolle als UX-Designer wertvoll sein werden.
- Entwickeln Sie Ihre Fähigkeiten weiter: Auch wenn Sie über starke übertragbare Fähigkeiten verfügen, ist es wichtig, diese Fähigkeiten beim Übergang zum UX-Design weiter zu entwickeln. Suchen Sie nach Möglichkeiten, Ihre Fähigkeiten zu verfeinern, z. B. indem Sie anspruchsvolle Projekte übernehmen, Workshops besuchen oder an Online-Kursen teilnehmen.

1. Umfassendes Wachstumsdenken

Wenn Sie daran arbeiten, Ihre übertragbaren Fähigkeiten zu nutzen, ist es wichtig, sich eine Wachstumsmentalität zu eigen zu machen. Dazu gehört die Überzeugung, dass Sie Ihre Fähigkeiten im Laufe der Zeit durch harte Arbeit, Hingabe und Lernen weiterentwickeln und verbessern können. Eine wachstumsorientierte Denkweise kann Ihnen dabei helfen, offen für neue Erfahrungen zu sein, Herausforderungen anzunehmen und auch bei Rückschlägen durchzuhalten.

Im Folgenden finden Sie einige Strategien, mit denen Sie Ihre übertragbaren Fähigkeiten nutzen können, um eine wachstumsorientierte Denkweise zu kultivieren:

- Bleiben Sie neugierig: Seien Sie offen dafür, neue Fähigkeiten zu erlernen, verschiedene UX-Design-Techniken zu erkunden und mit neuen Ansätzen zu experimentieren. Wenn Sie neugierig bleiben, werden Sie mit größerer Wahrscheinlichkeit neue Wege entdecken, um Ihre vorhandenen Fähigkeiten in Ihrem neuen Beruf anzuwenden.
- Nehmen Sie Herausforderungen an: Scheuen Sie sich nicht vor schwierigen Projekten oder Aufgaben, die Sie aus Ihrer Komfortzone herausführen. Die Annahme von Herausforderungen kann Ihnen helfen, zu wachsen und neue Fähigkeiten zu entwickeln, die Sie zu einem effektiveren UX-Designer machen werden.
- Lernen Sie aus Feedback: Holen Sie sich das Feedback von Gleichaltrigen, Mentoren und Kollegen ein und nutzen Sie diesen Input, um Bereiche für Wachstum und Verbesserung zu identifizieren. Seien Sie offen für konstruktive Kritik und betrachten Sie sie als Chance zum Lernen und Wachsen.
- Feiern Sie Ihre Fortschritte: Erkennen und feiern Sie Ihre Fortschritte, während Sie Ihre übertragbaren Fähigkeiten entwickeln und auf Ihre Arbeit im UX-Design anwenden. Die Anerkennung Ihrer Leistungen kann Ihnen helfen, motiviert zu bleiben und einen positiven Ausblick auf Ihre berufliche Entwicklung zu bewahren.

Zusammenfassend lässt sich sagen, dass die Nutzung Ihrer übertragbaren Fähigkeiten eine effektive Strategie für den Übergang zu einer Karriere im UX-Design sein kann. Indem Sie Ihre vorhandenen Stärken identifizieren, sie mit UX-Design-Aufgaben verbinden, Ihre Fähigkeiten präsentieren und sich eine Wachstumsmentalität zu eigen machen, können Sie eine starke Grundlage für den Erfolg in diesem spannenden Bereich schaffen.

aufbau einer persönlichen marke

Um sich als UX-Designer auf dem hart umkämpften Arbeitsmarkt von heute zu behaupten, braucht man mehr als nur starke Fähigkeiten und ein beeindruckendes Portfolio. Der Aufbau einer persönlichen Marke kann Ihnen helfen, sich zu differenzieren, Ihren einzigartigen Wert zu präsentieren und die Aufmerksamkeit potenzieller Arbeitgeber oder Kunden auf sich zu ziehen. In diesem Abschnitt erörtern wir die Bedeutung von Personal Branding, bieten Strategien für die Entwicklung einer einprägsamen Marke und geben Tipps für die Förderung Ihrer Marke online und offline.

1. Die Bedeutung von Personal Branding

Eine persönliche Marke ist eine einzigartige Mischung aus Ihren Fähigkeiten, Erfahrungen und Ihrer Persönlichkeit, die Sie der Welt präsentieren. Es geht darum, wie Sie sich selbst präsentieren und welchen Wert Sie in die Sache einbringen. Eine starke persönliche Marke kann Ihnen helfen:

- Heben Sie sich von Ihren Mitbewerbern ab: Eine gut ausgearbeitete persönliche Marke kann Sie von anderen UX-Designern abheben und Sie für potenzielle Arbeitgeber oder Kunden einprägsamer machen.
- Glaubwürdigkeit aufbauen: Eine konsistente und authentische persönliche Marke kann dazu beitragen, Sie als Experten auf Ihrem Gebiet zu etablieren und Ihre Glaubwürdigkeit und Vertrauenswürdigkeit in den Augen anderer zu erhöhen.

- Chancen ergreifen: Eine überzeugende persönliche Marke kann wie ein Magnet für neue Jobangebote, freiberufliche Projekte oder Vorträge wirken, da sie Ihre einzigartigen Talente und Fachkenntnisse zur Geltung bringt.
- Erweitern Sie Ihr Netzwerk: Eine persönliche Marke kann Ihnen dabei helfen, mit gleichgesinnten Fachleuten in Kontakt zu treten, was Ihnen Möglichkeiten zur Zusammenarbeit, zum Lernen und zum Wachstum eröffnet.

1. Entwickeln Sie Ihre persönliche Marke

Um eine persönliche Marke zu entwickeln, müssen Sie über Ihre einzigartige Kombination von Fähigkeiten, Erfahrungen und Werten nachdenken und die Schlüsselelemente identifizieren, die Sie als UX Designer auszeichnen. Hier sind einige Schritte, die Ihnen helfen, Ihre persönliche Marke zu entwickeln:

- Definieren Sie Ihr einzigartiges Wertversprechen: Überlegen Sie, wodurch Sie sich von anderen UX-Designern unterscheiden, und ermitteln Sie Ihre einzigartigen Stärken und Kompetenzen. Dazu könnten Ihre Designphilosophie, Ihr Problemlösungsansatz oder Ihr Fokus auf bestimmte Branchen oder Nutzergruppen gehören.
- Bestimmen Sie Ihr Zielpublikum: Überlegen Sie, wen Sie mit Ihrer persönlichen Marke erreichen wollen, z. B. potenzielle Arbeitgeber, Kunden oder Mitarbeiter. Wenn Sie Ihre Zielgruppe kennen, können Sie Ihre Markenbotschaft anpassen und sicherstellen, dass sie bei den Menschen ankommt, die für Ihre Karriereziele am wichtigsten sind.
- Entwickeln Sie Ihre Markenbotschaft: Sobald Sie Ihr einzigartiges Leistungsversprechen definiert und Ihre Zielgruppe identifiziert haben, sollten Sie eine klare und prägnante Markenbotschaft entwickeln, die Ihren einzigartigen Wert kommuniziert. Diese Botschaft sollte in all Ihren Markenmaterialien konsistent sein, einschließlich Ihres

Lebenslaufs, Ihres Portfolios und Ihrer Profile in den sozialen
Medien.

- Wählen Sie Ihre Markenelemente: Wählen Sie visuelle
  Elemente aus, die Ihre persönliche Marke repräsentieren, wie
  z. B. ein Logo, eine Farbpalette, Typografie und Bildmaterial.
  Diese Elemente sollten in all Ihren Markenmaterialien
  einheitlich sein und dazu beitragen, Ihre einzigartige
  Markenbotschaft zu vermitteln.

1. Förderung Ihrer persönlichen Marke

Sobald Sie Ihre persönliche Marke entwickelt haben, ist es an der
Zeit, sie zu fördern und sie für Ihre Zielgruppe sichtbar zu machen. Hier
sind einige Strategien zur Förderung Ihrer persönlichen Marke sowohl
online als auch offline:

- Optimieren Sie Ihre Online-Präsenz: Stellen Sie sicher, dass
  Ihre persönliche Marke auf allen Ihren Online-Plattformen,
  einschließlich Ihres Portfolios, Ihres LinkedIn-Profils und Ihrer
  Konten in den sozialen Medien, zum Ausdruck kommt.
  Verwenden Sie einheitliche Bilder, Botschaften und einen
  einheitlichen Ton, um Ihre Markenidentität zu stärken.
- Treten Sie mit Ihrem Zielpublikum in Kontakt: Treten Sie mit
  potenziellen Arbeitgebern, Kunden und Mitarbeitern in
  Kontakt, indem Sie sich mit ihnen über soziale Medien
  austauschen, an Branchenveranstaltungen teilnehmen oder
  sich an Online-Foren beteiligen. Teilen Sie Ihre Erkenntnisse
  mit, stellen Sie Fragen und bieten Sie einen Mehrwert in Ihren
  Interaktionen, um Ihre Glaubwürdigkeit aufzubauen und Ihr
  Fachwissen zu präsentieren.
- Erstellen und teilen Sie wertvolle Inhalte: Demonstrieren Sie
  Ihre Vordenkerrolle, indem Sie Inhalte zum Thema UX-Design
  erstellen und weitergeben, z. B. Blogbeiträge, Artikel oder
  Videos. Auf diese Weise können Sie Ihr Fachwissen
  präsentieren, mit Ihrer Zielgruppe in Kontakt treten und Ihren
  Ruf in der Branche festigen.

- Strategisch vernetzen: Nehmen Sie an Branchenveranstaltungen, Konferenzen und Treffen teil, um Ihr Netzwerk zu erweitern und Kontakte zu Fachleuten zu knüpfen, die Sie in Ihrer Karriere voranbringen können. Bauen Sie bewusst Beziehungen auf und bieten Sie anderen bei Ihren Kontakten einen Mehrwert.

- Suchen Sie nach Vortragsmöglichkeiten: Bieten Sie an, bei Branchenveranstaltungen, Konferenzen oder Webinaren zu sprechen, um Ihr Fachwissen weiterzugeben und Ihre persönliche Marke zu präsentieren. Mit Vorträgen können Sie ein größeres Publikum erreichen und Ihre Glaubwürdigkeit als UX-Designer unter Beweis stellen.

- Arbeiten Sie mit anderen zusammen: Arbeiten Sie mit anderen Fachleuten an Projekten zusammen, verfassen Sie gemeinsam Artikel oder nehmen Sie an Podcasts oder Podiumsdiskussionen teil. Die Zusammenarbeit mit anderen kann Ihnen helfen, Ihr Netzwerk zu erweitern, neue Erkenntnisse zu gewinnen und Ihre Sichtbarkeit innerhalb der UX-Design-Community zu erhöhen.

- Bitten Sie um Empfehlungen und Befürwortungen: Bitten Sie um Empfehlungen von Kollegen, Kunden oder Mentoren, die Ihre Fähigkeiten, Erfahrungen und Ihren einzigartigen Wert als UX-Designer hervorheben. Zeigen Sie diese Empfehlungen in Ihrem LinkedIn-Profil oder Portfolio an, um Ihre persönliche Marke und Glaubwürdigkeit zu stärken.

1. Aufrechterhaltung und Weiterentwicklung Ihrer persönlichen Marke

Die Entwicklung einer starken persönlichen Marke ist ein kontinuierlicher Prozess, der regelmäßige Pflege und Weiterentwicklung erfordert. Mit zunehmender beruflicher Entwicklung werden sich Ihre Fähigkeiten, Erfahrungen und Ziele ändern, und Ihre persönliche Marke sollte sich entsprechend weiterentwickeln, um diese Veränderungen widerzuspiegeln. Im Folgenden finden Sie einige Tipps zur Pflege und Weiterentwicklung Ihrer persönlichen Marke:

- Aktualisieren Sie kontinuierlich Ihre Unterlagen zur Markenbildung: Überprüfen und aktualisieren Sie regelmäßig Ihren Lebenslauf, Ihr Portfolio und Ihre Online-Profile, um sicherzustellen, dass sie Ihre aktuellen Fähigkeiten, Erfahrungen und Ziele korrekt wiedergeben.
- Bleiben Sie mit den Branchentrends auf dem Laufenden: Halten Sie sich über die neuesten Entwicklungen im UX-Design auf dem Laufenden und integrieren Sie bei Bedarf neue Fähigkeiten, Tools oder Methoden in Ihre persönliche Marke.
- Suchen Sie nach beruflichen Weiterbildungsmöglichkeiten: Besuchen Sie Workshops, Konferenzen oder Online-Kurse, um Ihre Fähigkeiten zu verbessern und Ihr Wissen zu erweitern. Dies kann Ihnen helfen, in der sich ständig weiterentwickelnden UX-Design-Landschaft relevant und wettbewerbsfähig zu bleiben.
- Überprüfen Sie Ihre Markenbotschaft und Ihre Zielgruppe: Überprüfen Sie regelmäßig Ihr einzigartiges Wertversprechen und Ihre Zielgruppe, um sicherzustellen, dass Ihre persönliche Marke weiterhin mit Ihren Karrierezielen und -bestrebungen übereinstimmt.

Der Aufbau einer persönlichen Marke ist ein wesentlicher Bestandteil Ihrer Reise als UX-Designer. Durch die Entwicklung einer starken, authentischen und einprägsamen Marke können Sie sich von der Konkurrenz abheben, Chancen wahrnehmen und sich als Experte auf Ihrem Gebiet etablieren.

networking in der ux-design-community

Networking ist ein wesentlicher Aspekt jeder beruflichen Laufbahn, und in der Welt des UX-Designs ist es besonders wichtig. Der Aufbau von Verbindungen innerhalb der UX-Design-Community kann zu neuen Möglichkeiten, Wissensaustausch und Zusammenarbeit führen, was letztendlich Ihrer Karriere und Ihrem persönlichen Wachstum zugute-kommt. In diesem Abschnitt werden wir die Bedeutung von Networking untersuchen, Tipps für effektives Networking geben und Vorschläge für die Suche nach Networking-Möglichkeiten innerhalb der UX-Design-Community machen.

1. Die Bedeutung von Netzwerken

Die Vernetzung kann für UX-Designer zahlreiche Vorteile mit sich bringen, wie zum Beispiel:

- Zugang zu Stellenangeboten: Viele Stellenangebote werden nicht öffentlich ausgeschrieben, und mit Hilfe von Netzwerken können Sie sich diesen verborgenen Arbeitsmarkt erschließen. Darüber hinaus können Kontakte innerhalb der Branche zu Arbeitsempfehlungen führen, was Ihre Chancen auf Vorstellungsgespräche und Stellenangebote erhöht.
- Wissensaustausch: Die Vernetzung mit anderen UX-Designern kann wertvolle Einblicke in Branchentrends, bewährte Verfahren und neue Tools und Techniken bieten. Dieser Wissensaustausch kann Ihnen helfen, auf dem Laufenden zu bleiben und Ihre Fähigkeiten zu verbessern.
- Zusammenarbeit und Partnerschaften: Der Aufbau von Verbindungen zu anderen UX-Designern kann zu einer Zusammenarbeit bei Projekten oder sogar zu Partnerschaften für Ihre freiberufliche Arbeit oder Ihre Designagentur führen.
- Unterstützung und Mentorenschaft: Der Kontakt zu erfahrenen UX-Designern kann Ihnen auf Ihrem Karriereweg Orientierungshilfe, Mentorenschaft und Unterstützung bieten.
- Erhöhte Sichtbarkeit: Die aktive Teilnahme an der UX-Design-Community kann Ihr Profil schärfen, Ihr Fachwissen präsentieren und Sie für potenzielle Arbeitgeber oder Kunden sichtbarer machen.

1. Tipps für effektives Networking

Networking kann einschüchternd wirken, aber mit dem richtigen Ansatz können Sie sinnvolle Kontakte knüpfen, die Ihrer Karriere zugute kommen. Hier sind einige Tipps für effektives Networking:

- Seien Sie authentisch: Gehen Sie an das Networking mit der Absicht heran, authentische Beziehungen aufzubauen, anstatt nur Kontakte zu sammeln. Zeigen Sie echtes Interesse an anderen und deren Arbeit, und versuchen Sie, bei Ihren Kontakten einen Mehrwert zu bieten.
- Hören Sie mehr zu als Sie reden: Bemühen Sie sich beim Networking darum, anderen aktiv und aufmerksam zuzuhören. So können Sie deren Bedürfnisse, Interessen und Erfahrungen besser verstehen und Ihre Gespräche entsprechend ausrichten.
- Setzen Sie auf Qualität statt Quantität: Es ist wertvoller, ein paar bedeutungsvolle Beziehungen zu haben als eine große Anzahl oberflächlicher. Investieren Sie Zeit und Mühe in die Pflege von Beziehungen zu Menschen, die Ihre Interessen und Werte teilen und mit denen Sie ein System der gegenseitigen Unterstützung aufbauen können.
- Bereiten Sie sich mit einem Elevator Pitch vor: Entwickeln Sie eine kurze, überzeugende Einleitung, die kurz und bündig erklärt, wer Sie sind, was Sie tun und was Sie als UX-Designer auszeichnet. Dies kann Ihnen helfen, bei Networking-Veranstaltungen oder Gesprächen einen starken ersten Eindruck zu hinterlassen.
- Nachfassen: Nachdem Sie eine neue Person kennengelernt haben, sollten Sie sich bemühen, mit einer persönlichen Nachricht nachzuhaken, in der Sie sich für das Gespräch bedanken und Ihr Interesse an einer weiteren Kontaktaufnahme bekunden. Auf diese Weise können Sie dauerhafte Beziehungen aufbauen und sicherstellen, dass Sie bei künftigen Gelegenheiten im Gedächtnis bleiben.

1. Networking-Möglichkeiten in der UX-Design-Community finden

In der UX-Design-Community gibt es zahlreiche Networking-Möglichkeiten, sowohl online als auch offline. Hier sind einige

Vorschläge, wie Sie Networking-Möglichkeiten finden und nutzen können:

- Lokale Treffen und Veranstaltungen: Nehmen Sie an lokalen UX-Design-Treffen, -Workshops oder -Veranstaltungen teil, um sich mit anderen Fachleuten in Ihrer Umgebung auszutauschen. Suchen Sie auf Websites wie Meetup.com oder bei lokalen UX-Design-Organisationen nach Veranstaltungshinweisen.
- Konferenzen: Besuchen Sie nationale oder internationale UX-Design-Konferenzen, um Ihr Netzwerk zu erweitern und von Branchenexperten zu lernen. Einige beliebte UX-Design-Konferenzen sind UXPA, Interaction und UX Week.
- Online-Foren und -Gemeinschaften: Nehmen Sie an UX-Design-orientierten Online-Foren oder -Communities teil, wie z. B. UX Stack Exchange, Designer Hangout oder UX Mastery, um sich an Diskussionen zu beteiligen, Fragen zu stellen und Ihr Wissen mit anderen Experten zu teilen.
- Soziale Medien: Folgen Sie UX-Designern und Branchenexperten auf Social-Media-Plattformen wie Twitter und LinkedIn und tauschen Sie sich mit ihnen aus. Nehmen Sie an UX-Design-bezogenen Twitter-Chats oder LinkedIn-Gruppen teil, um mit gleichgesinnten Fachleuten in Kontakt zu treten.

Berufsverbände: Treten Sie Berufsverbänden für UX-Design bei, wie der User Experience Professionals Association (UXPA) oder der Interaction Design Association (IxDA). Diese Organisationen bieten Networking-Veranstaltungen, Ressourcen und Möglichkeiten, mit anderen Fachleuten in diesem Bereich in Kontakt zu treten.

- Alumni-Netzwerke: Wenden Sie sich an das Alumni-Netzwerk Ihrer Hochschule oder Universität, da diese Gruppen häufig Networking-Veranstaltungen veranstalten und wertvolle Kontakte innerhalb der UX-Design-Community herstellen können.

- Freiwilligenarbeit und Mentorenschaft: Bieten Sie sich als Freiwilliger oder Mentor bei UX-Design-Workshops, Bootcamps oder lokalen Schulen an. Auf diese Weise können Sie Kontakte knüpfen und gleichzeitig der Gemeinschaft etwas zurückgeben und das Wachstum zukünftiger UX-Designer unterstützen.
- Networking mit Nicht-UX-Profis: Erweitern Sie Ihr Netzwerk über die UX-Design-Community hinaus, indem Sie an Networking-Veranstaltungen teilnehmen oder Berufsverbänden in verwandten Bereichen beitreten, z. B. Webentwicklung, Grafikdesign oder Marketing. Dies kann Ihnen helfen, ein vielfältiges Netzwerk aufzubauen und Möglichkeiten der Zusammenarbeit zu eröffnen.

1. Pflegen Sie Ihr Netzwerk

Der Aufbau Ihres Netzwerks ist nur der erste Schritt; die Pflege Ihrer Beziehungen ist ebenso wichtig. Hier sind einige Tipps, wie Sie Ihre Verbindungen innerhalb der UX-Design-Community pflegen und stärken können:

- Bleiben Sie in Kontakt: Melden Sie sich regelmäßig bei Ihren Kontakten, um sich zu informieren, Neuigkeiten mitzuteilen oder Unterstützung anzubieten. Dies kann Ihnen helfen, starke Beziehungen zu pflegen und Ihr Netzwerk engagiert zu halten.
- Teilen Sie Ressourcen und Möglichkeiten: Seien Sie großzügig mit Ihrem Wissen, Ihren Ressourcen und Möglichkeiten und teilen Sie diese mit Ihrem Netzwerk. Dies kann Ihnen helfen, Vertrauen und Wohlwollen aufzubauen und sich als wertvolles Mitglied der UX-Design-Community zu etablieren.
- Feiern Sie die Erfolge anderer: Gratulieren Sie Ihren Kontakten zu ihren Erfolgen, z. B. zu Beförderungen, Auszeichnungen oder neuen Projekten. So können Sie Ihre Beziehungen stärken und Ihr echtes Interesse an ihrem Erfolg zeigen.

- Seien Sie ein Verbindungsglied: Stellen Sie Ihre Kontakte
  einander vor, wenn Sie Potenzial für eine Zusammenarbeit
  oder gegenseitigen Nutzen sehen. Dies kann Ihnen helfen,
  neue Verbindungen innerhalb der Gemeinschaft zu schaffen
  und Ihr Engagement für andere zu zeigen.

Networking ist ein wesentlicher Aspekt einer erfolgreichen Karriere im UX-Design. Indem Sie sich in der UX-Design-Community engagieren, können Sie wertvolle Kontakte knüpfen, neue Möglichkeiten erschließen und Ihre berufliche Entwicklung fördern. Gehen Sie an das Networking mit einer echten, authentischen Einstellung heran und konzentrieren Sie sich auf den Aufbau von Beziehungen, die gegenseitige Unterstützung und Wert bieten. Mit einem starken Netzwerk sind Sie gut positioniert, um in der dynamischen Welt des UX-Designs zu gedeihen.

praktische erfahrungen durch praktika, freiberuflichkeit und nebenprojekte sammeln

Auf Ihrem Weg zum UX-Designer ist das Sammeln von praktischen Erfahrungen einer der wichtigsten Aspekte Ihrer beruflichen Entwicklung. Neben der formalen Ausbildung und dem Selbststudium helfen Ihnen praktische Erfahrungen dabei, Ihre Fähigkeiten zu verfeinern, Ihr Portfolio aufzubauen und Ihre Beschäftigungsfähigkeit zu verbessern. In diesem Abschnitt erörtern wir den Wert von Praktika, Freiberuflern und Nebenprojekten für den Aufbau Ihrer UX-Design-Expertise und geben Tipps, wie Sie sich diese Möglichkeiten sichern und erfolgreich nutzen können.

1. Praktika

Praktika können ein unschätzbares Sprungbrett für angehende UX-Designer sein, denn sie bieten praktische Erfahrungen und eine Einführung in die professionelle Welt der UX. Hier erfahren Sie, warum Praktika wichtig sind und wie Sie das Beste aus ihnen machen:

- Lernen von erfahrenen Fachleuten: Praktika bieten die Möglichkeit, mit erfahrenen UX-Designern zusammenzuarbeiten und von ihnen zu lernen. Diese Mentorenschaft kann Ihnen helfen, Ihre Fähigkeiten zu verbessern und praktische Einblicke in die Branche zu gewinnen.
- Erstellen Sie Ihr Portfolio: Als Praktikant arbeiten Sie an realen Projekten, die Sie in Ihrem Portfolio als Nachweis Ihrer Fähigkeiten und Erfahrungen präsentieren können.
- Kontakte knüpfen: Praktika können Ihnen dabei helfen, Verbindungen innerhalb der UX-Design-Community aufzubauen, die zu zukünftigen Arbeitsmöglichkeiten oder Kooperationen führen können.
- Beurteilen Sie Ihre Eignung für die Branche: Praktika ermöglichen es Ihnen, den Arbeitsalltag eines UX-Designers kennenzulernen, und helfen Ihnen dabei, zu beurteilen, ob dies der richtige Karriereweg für Sie ist.

Um ein UX-Design-Praktikum zu absolvieren, sollten Sie die folgenden Schritte beachten:

- Recherchieren Sie potenzielle Unternehmen und Möglichkeiten: Finden Sie Unternehmen, die Ihren Werten und Interessen entsprechen, und suchen Sie auf deren Websites oder Jobbörsen nach offenen Stellen für UX-Design-Praktika.
- Passen Sie Ihre Bewerbung an: Passen Sie Ihren Lebenslauf und Ihr Anschreiben an, um Ihre relevanten Fähigkeiten, Erfahrungen und Ihre Leidenschaft für UX Design hervorzuheben.
- Nutzen Sie Ihr Netzwerk: Erkundigen Sie sich bei Ihren Kontakten in der Branche nach möglichen Praktikumsplätzen oder bitten Sie um Empfehlungen.

1. Freiberufliche Tätigkeit

Freiberufliche Arbeit kann eine großartige Möglichkeit sein, Ihre

Erfahrung im Bereich UX-Design zu erweitern und bietet gleichzeitig Flexibilität und die Möglichkeit, an verschiedenen Projekten zu arbeiten. Hier erfahren Sie, wie Sie als Freiberufler von Ihrer Karriere profitieren können und erhalten Tipps für den Einstieg:

- Diversifizierung Ihrer Erfahrung: Als Freiberufler arbeiten Sie mit einer Reihe von Kunden und Projekts zusammen, was Ihnen helfen kann, vielseitige Fähigkeiten zu entwickeln und Ihr Portfolio zu erweitern.
- Aufbau Ihrer persönlichen Marke: Als Freiberufler können Sie sich als unabhängiger UX-Designer etablieren und so Ihren Ruf und Ihre persönliche Marke in der Branche aufbauen.
- Einkommen verdienen: Freiberufliche Tätigkeit kann eine Einkommensquelle sein, während Sie in Ihrer UX-Design-Karriere weiter lernen und wachsen.

Um als freiberuflicher UX-Designer durchzustarten, sollten Sie diese Tipps beachten:

- Erstellen Sie eine professionelle Website: Erstellen Sie eine Website, auf der Sie Ihr Portfolio, Ihre Dienstleistungen und Ihre Kontaktinformationen präsentieren. Diese dient als Ihre Online-Visitenkarte und hilft potenziellen Kunden, Sie zu finden.
- Vermarkten Sie Ihre Dienstleistungen: Nutzen Sie soziale Medien, Online-Foren und Networking-Veranstaltungen, um Ihre freiberuflichen UX-Design-Dienstleistungen zu bewerben und mit potenziellen Kunden in Kontakt zu treten.
- Bauen Sie einen Kundenstamm auf: Bieten Sie Ihre Dienste zunächst Freunden, Verwandten oder lokalen Unternehmen an, um erste Erfahrungen zu sammeln und einen Kundenstamm aufzubauen.

1. Nebenprojekte

Nebenprojekte können eine weitere effektive Möglichkeit sein, praktische UX-Design-Erfahrung zu sammeln und gleichzeitig Ihre Interessen und Leidenschaften zu erkunden. Hier erfahren Sie, wie Nebenprojekte Ihrer Karriere zugutekommen können, und erhalten einige Ideen für den Einstieg:

- Neue Fähigkeiten entwickeln: Nebenprojekte ermöglichen es Ihnen, mit neuen Techniken, Tools oder Ansätzen zu experimentieren und so Ihre Fähigkeiten im UX-Design zu erweitern.
- Zeigen Sie Ihre Initiative: Durch die Aufnahme von Nebenprojekten in Ihr Portfolio demonstrieren Sie Ihre Leidenschaft für UX-Design und Ihr Bestreben, außerhalb des formalen Arbeitsumfelds zu lernen und zu wachsen.
- Entdecken Sie Ihre Nische: Nebenprojekte können Ihnen dabei helfen, bestimmte Bereiche des UX-Designs zu identifizieren, die Sie interessieren, was Ihnen bei Ihrer Berufswahl und Spezialisierung helfen kann.

Um mit Nebenprojekten zu beginnen, können Sie diese Ideen in Betracht ziehen:

- Gestalten Sie eine bestehende App oder Website neu: Wählen Sie eine App oder Website, die Ihrer Meinung nach von einer UX-Überarbeitung profitieren könnte, und arbeiten Sie an der Verbesserung der Benutzerfreundlichkeit. Dies kann Ihnen helfen, Ihre Problemlösungs- und Designfähigkeiten zu entwickeln und Ihre Fähigkeit, verbesserungswürdige Bereiche zu identifizieren, unter Beweis zu stellen.
- Arbeiten Sie mit anderen zusammen: Arbeiten Sie gemeinsam mit Freunden oder Kollegen an einem UX-Design-Projekt, oder nehmen Sie an einem lokalen Hackathon oder einer Design-Herausforderung teil. Die Zusammenarbeit mit anderen kann Ihnen dabei helfen, von deren Perspektiven zu lernen, Ihre Teamwork-Fähigkeiten zu verbessern und Ihr Netzwerk zu erweitern.

- Erstellen Sie ein Projekt aus Leidenschaft: Suchen Sie sich eine Sache oder ein Interesse, das Ihnen am Herzen liegt, und entwickeln Sie ein UX Design-Projekt zu diesem Thema. Dies könnte die Gestaltung einer App zur Unterstützung einer gemeinnützigen Organisation, die Erstellung einer Website zur Förderung der Nachhaltigkeit oder die Entwicklung eines digitalen Tools zur Verbesserung der psychischen Gesundheit sein.

1. Ausgewogenheit der Möglichkeiten zum Sammeln von Erfahrungen

Wenn Sie durch Praktika, Freiberuflichkeit und Nebenprojekte praktische Erfahrungen sammeln, ist es wichtig, ein Gleichgewicht zwischen diesen Möglichkeiten und Ihren anderen Verpflichtungen wie formaler Ausbildung, Selbststudium und Networking herzustellen. Hier sind einige Tipps, wie Sie Ihre Zeit und Energie effektiv einteilen können:

- Priorisieren Sie Ihre Ziele: Setzen Sie sich klare Ziele für Ihre UX-Design-Karriere und priorisieren Sie Ihre Bemühungen entsprechend. Wenn Ihr Hauptziel beispielsweise der Aufbau eines Portfolios ist, sollten Sie sich auf Projekte konzentrieren, die Ihre Fähigkeiten und Ihre Kreativität zur Geltung bringen.
- Setzen Sie Grenzen: Legen Sie Grenzen fest, um einem Burnout vorzubeugen und sicherzustellen, dass Sie genügend Zeit und Energie für alle Aspekte Ihrer beruflichen Entwicklung haben. Dazu kann es gehören, bestimmte Arbeitszeiten festzulegen, die Anzahl der Projekte zu begrenzen, die Sie übernehmen, oder bestimmte Tage für Selbststudium oder Networking zu reservieren.
- Gehen Sie strategisch mit Ihren Möglichkeiten um: Wählen Sie Praktika, freiberufliche Projekte und Nebentätigkeiten, die mit Ihren Karrierezielen und Interessen übereinstimmen. Auf diese Weise können Sie Ihre Zeit optimal nutzen und sicherstellen, dass Ihre Bemühungen zu Ihrer beruflichen Entwicklung insgesamt beitragen.

Auf Ihrem Weg zum UX-Designer spielt das Sammeln von praktischen Erfahrungen durch Praktika, Freiberuflichkeit und Nebenprojekte eine wichtige Rolle für Ihre berufliche Entwicklung. Diese Möglichkeiten werden Ihnen helfen, Ihre Fähigkeiten zu verfeinern, Ihr Portfolio aufzubauen und ein starkes Fundament für eine erfolgreiche Karriere im UX-Design zu legen. Nehmen Sie die Herausforderungen an, lernen Sie aus Ihren Erfahrungen und genießen Sie die Reise, während Sie als UX Designer wachsen und sich weiterentwickeln.

kapitel 4: aufbau eines herausragenden portfolios

die bedeutung eines starken portfolios

EINE REISE in die Welt des UX-Designs wäre unvollständig, ohne auf die Bedeutung eines starken Portfolios einzugehen. Als angehender UX-Designer ist Ihr Portfolio Ihre Visitenkarte, mit der Sie potenziellen Arbeitgebern und Kunden Ihre Fähigkeiten, Ihre Kreativität und Ihre Erfahrung präsentieren können. In diesem Abschnitt befassen wir uns mit der Bedeutung eines soliden Portfolios, mit Tipps für die Erstellung eines effektiven Portfolios und mit der Frage, wie Sie Ihre Arbeit präsentieren können, um sich von der Konkurrenz abzuheben.

1. Warum ein starkes Portfolio wichtig ist

Ein gut ausgearbeitetes Portfolio ist aus mehreren Gründen wichtig:

- Demonstration Ihrer Fähigkeiten: Ihr Portfolio ist eine greifbare Darstellung Ihrer UX-Design-Fähigkeiten. Es ermöglicht potenziellen Arbeitgebern und Kunden, die Tiefe und Breite Ihrer Fähigkeiten sowie Ihre Liebe zum Detail und Ihre Sensibilität für Design zu erkennen.
- Zeigen Sie Ihre Erfahrung: Ihr Portfolio sollte Beispiele für reale Projekte enthalten, an denen Sie gearbeitet haben, sei es

im Rahmen von Praktika, freiberuflichen Tätigkeiten oder Nebenprojekten. Damit zeigen Sie, dass Sie in der Lage sind, Ihre Fähigkeiten in praktischen Situationen anzuwenden und sich an unterschiedliche Kundenbedürfnisse anzupassen.

- Erzählen Sie Ihre Geschichte: Ein starkes Portfolio erzählt die Geschichte Ihrer Entwicklung als UX-Designer und zeigt Ihre einzigartige Perspektive, Ihre Leidenschaften und Ihren Weg in diesem Bereich. Diese persönliche Erzählung kann Ihnen helfen, sich von der Konkurrenz abzuheben und einen unvergesslichen Eindruck bei potenziellen Arbeitgebern und Kunden zu hinterlassen.

- Aufbau Ihrer persönlichen Marke: Ihr Portfolio ist ein wesentlicher Bestandteil Ihrer persönlichen Marke und spiegelt Ihre berufliche Identität und den Wert wider, den Sie in UX-Design-Projekte einbringen. Ein gut gestaltetes Portfolio kann Ihnen helfen, Glaubwürdigkeit und Autorität in der Branche aufzubauen.

1. Tipps für die Erstellung eines effektiven Portfolios

Um ein starkes und überzeugendes Portfolio zu erstellen, sollten Sie die folgenden Tipps beachten:

- Seien Sie wählerisch: Wählen Sie eine vielfältige Auswahl Ihrer besten Arbeiten aus, die Ihre Fähigkeiten und Erfahrungen unter Beweis stellen. Nehmen Sie Projekte auf, die Ihre Stärken hervorheben, Ihre Kreativität unter Beweis stellen und Ihre einzigartige Perspektive auf UX-Design darstellen.

- Geben Sie den Kontext an: Geben Sie für jedes Projekt eine kurze Beschreibung, in der Sie das Problem, das Sie gelöst haben, Ihre Rolle, die verwendeten Werkzeuge und Techniken sowie die erzielten Ergebnisse erläutern. Dieser Kontext hilft potenziellen Arbeitgebern und Kunden, die Beweggründe für Ihre Designentscheidungen und den Wert, den Sie in ein Projekt einbringen, zu verstehen.

- Zeigen Sie Ihren Prozess: Ihr Portfolio sollte nicht nur das
  Endergebnis Ihrer Projekte zeigen, sondern auch Ihren
  Designprozess beleuchten. Fügen Sie Skizzen, Wireframes,
  User Flows und andere Artefakte ein, die Ihren Ansatz zur
  Problemlösung und die Entwicklung Ihrer Designideen
  zeigen.
- Halten Sie es auf dem neuesten Stand: Aktualisieren Sie Ihr
  Portfolio regelmäßig mit neuen Projekten und Leistungen, um
  sicherzustellen, dass es eine aktuelle und genaue Darstellung
  Ihrer Fähigkeiten und Erfahrungen bleibt.

1. Präsentieren Sie Ihr Portfolio

Die Art und Weise, wie Sie Ihre Mappe präsentieren, kann einen
erheblichen Einfluss darauf haben, wie potenzielle Arbeitgeber und
Kunden Ihre Arbeit wahrnehmen. Im Folgenden finden Sie einige Tipps
für eine wirkungsvolle Präsentation Ihres Portfolios:

- Erstellen Sie eine professionelle Website: Entwickeln Sie eine
  übersichtliche, benutzerfreundliche Website, auf der Sie Ihr
  Portfolio zusammen mit Ihrem Lebenslauf, Ihren
  Kontaktinformationen und allen relevanten Zertifizierungen
  oder Auszeichnungen präsentieren können. Stellen Sie sicher,
  dass Ihre Website einfach zu navigieren, optisch ansprechend
  und sowohl für Desktop- als auch für mobile Geräte optimiert
  ist.
- Verwenden Sie hochwertiges Bildmaterial: Fügen Sie
  hochauflösende Bilder, Screenshots oder Videos Ihrer Arbeit
  ein, um sicherzustellen, dass Ihre Projekte klar und
  professionell präsentiert werden. Erwägen Sie den Einsatz von
  Tools wie Mockups oder interaktiven Prototypen, um den
  Besuchern ein noch intensiveres Erlebnis zu bieten.
- Organisieren Sie Ihren Inhalt: Organisieren Sie Ihre Projekte
  auf logische und zusammenhängende Weise, indem Sie
  ähnliche Projekte zusammenfassen oder in chronologischer
  Reihenfolge präsentieren. Auf diese Weise können potenzielle

Arbeitgeber und Kunden die gewünschten Informationen schnell finden und sich ein Bild von Ihrer Erfahrung und Ihren Fähigkeiten machen.

- Optimieren Sie für Suchmaschinen: Nutzen Sie Techniken der Suchmaschinenoptimierung (SEO), um die Sichtbarkeit Ihrer Portfolio-Website auf den Ergebnisseiten der Suchmaschinen zu verbessern. Dies erhöht die Wahrscheinlichkeit, dass potenzielle Arbeitgeber und Kunden auf Ihre Arbeit stoßen.

Ein aussagekräftiges Portfolio ist für jeden angehenden UX-Designer von entscheidender Bedeutung, denn es zeigt Ihre Fähigkeiten, Ihre Erfahrung und Ihre einzigartige Perspektive auf UX-Design. Indem Sie Zeit und Mühe in die Erstellung eines überzeugenden und professionellen Portfolios investieren, können Sie bei potenziellen Arbeitgebern und Kunden einen bleibenden Eindruck hinterlassen und die Voraussetzungen für eine erfolgreiche Karriere in diesem Bereich schaffen.

1. Nutzung von Feedback und Iteration

Als UX-Designer wissen Sie um die Bedeutung von Feedback und Iteration im Designprozess. Scheuen Sie sich nicht, diese Grundsätze auch auf Ihr Portfolio anzuwenden. Holen Sie sich Feedback von Kollegen, Mentoren und Fachleuten aus der Branche. Nutzen Sie deren Erkenntnisse, um Ihr Portfolio zu verfeinern und es effektiver und wirkungsvoller zu gestalten.

- Nehmen Sie an Portfoliobewertungen teil: Viele Design-Communities und -Organisationen veranstalten Portfoliobesprechungen, bei denen Sie konstruktives Feedback zu Ihrer Arbeit erhalten können. Nehmen Sie an diesen Veranstaltungen teil, um wertvolle Einblicke zu gewinnen und Kontakte zu anderen Fachleuten in der Branche zu knüpfen.
- Teilen Sie Ihre Arbeit online: Nutzen Sie Social-Media-Plattformen und Designforen, um Ihr Portfolio einem breiteren Publikum zugänglich zu machen. Auf diese Weise können Sie Feedback aus verschiedenen Perspektiven einholen und

möglicherweise die Aufmerksamkeit potenzieller Arbeitgeber und Kunden auf sich ziehen.

- Seien Sie offen für konstruktive Kritik: Seien Sie offen für konstruktive Kritik, wenn Sie Feedback erhalten, und nutzen Sie die Gelegenheit, zu lernen und zu wachsen. Nutzen Sie die gewonnenen Erkenntnisse, um Ihr Portfolio zu überarbeiten und seine Gesamtqualität zu verbessern.

1. Sich von der Konkurrenz abheben

Auf dem umkämpften Arbeitsmarkt ist es wichtig, dass Sie sich mit Ihrem Portfolio von der Masse abheben. Hier sind einige Strategien, mit denen Sie sich von der Masse abheben können:

- Entwickeln Sie einen einzigartigen visuellen Stil: Schaffen Sie eine konsistente visuelle Identität für Ihr gesamtes Portfolio, die Ihre persönliche Marke und Ihr gestalterisches Empfinden widerspiegelt. Dies kann Ihnen helfen, eine einprägsame Präsenz zu schaffen und Ihre Kreativität zu präsentieren.
- Heben Sie Ihre einzigartigen Stärken hervor: Heben Sie die Fähigkeiten, Erfahrungen und Interessen hervor, die Sie von anderen UX-Designern unterscheiden. Dazu könnten eine spezielle Ausbildung, die Beherrschung bestimmter Design-Tools oder eine Leidenschaft für eine bestimmte Branche oder ein bestimmtes Anliegen gehören.
- Zeigen Sie die Wirkung in der Praxis: Fügen Sie, wann immer möglich, Kennzahlen oder Zeugnisse ein, die die Auswirkungen Ihrer Arbeit in der Praxis belegen. Dies kann potenziellen Arbeitgebern und Kunden helfen, den Wert zu verstehen, den Sie in UX-Design-Projekte einbringen.
- Erzählen Sie fesselnde Geschichten: Nutzen Sie Techniken des Geschichtenerzählens, um Ihre Projekte zum Leben zu erwecken, Ihr Publikum zu fesseln und ihm zu helfen, den Kontext, die Herausforderungen und die Ergebnisse Ihrer Arbeit zu verstehen.

Ein starkes Portfolio ist ein wesentlicher Bestandteil Ihrer UX-Design-Karriere. Indem Sie Ihre Fähigkeiten, Ihre Erfahrung und Ihre einzigartige Perspektive präsentieren, können Sie einen bleibenden Eindruck bei potenziellen Arbeitgebern und Kunden hinterlassen und die Voraussetzungen für eine erfüllende und erfolgreiche Karriere in diesem Bereich schaffen. Denken Sie daran, Ihr Portfolio ständig zu verfeinern und zu aktualisieren, nehmen Sie Feedback an und streben Sie danach, sich in einem wettbewerbsintensiven Markt zu differenzieren. Ihre harte Arbeit und Ihr Engagement werden sich zweifellos auszahlen, wenn Sie sich als qualifizierter und gefragter UX-Designer etablieren.

präsentieren sie ihren designprozess

Auf dem Weg zu einem erfolgreichen UX-Designer ist es wichtig, dass Sie Ihren Designprozess in Ihrem Portfolio darstellen. Ein gut dokumentierter Designprozess veranschaulicht nicht nur Ihre Fähigkeiten und Ihr Fachwissen, sondern gibt auch einen Einblick in Ihre Herangehensweise an Problemlösungen, Zusammenarbeit und die verschiedenen Phasen eines Designprojekts. In diesem Abschnitt erörtern wir, wie wichtig es ist, Ihren Designprozess darzustellen, welche Schlüsselkomponenten Sie einbeziehen sollten und wie Sie Ihren Prozess auf klare, ansprechende und professionelle Weise präsentieren können.

1. Die Bedeutung der Präsentation Ihres Designprozesses

Der Designprozess ist das Herzstück des UX-Designs. Indem Sie für jedes Projekt in Ihrem Portfolio einen detaillierten Bericht über Ihren Designprozess vorlegen, können Sie potenziellen Arbeitgebern und Kunden Ihre Fähigkeiten, Ihren Denkprozess und Ihren Gesamtansatz effektiv vermitteln. Zeigen Sie Ihren Designprozess:

- Zeigt Ihre Problemlösungsfähigkeiten: Arbeitgeber und Kunden sind daran interessiert, wie Sie an gestalterische Herausforderungen herangehen und welche Methoden Sie anwenden, um kreative Lösungen zu finden. Ihr

Designprozess ermöglicht es ihnen, Ihre Problemlösungsfähigkeiten in Aktion zu sehen.

- Unterstreicht Ihre Liebe zum Detail: Die Präsentation eines gut dokumentierten Designprozesses zeigt, dass Sie auf Details achten - eine wichtige Eigenschaft für einen erfolgreichen UX-Designer.
- Zeigt Ihre Fähigkeit, kollaborativ zu arbeiten: UX-Design ist oft ein gemeinschaftliches Projekt, an dem verschiedene Interessengruppen beteiligt sind, z. B. Entwickler, Produktmanager und Marketingteams. Indem Sie zeigen, wie Sie während des Designprozesses mit anderen zusammenarbeiten, können Sie Ihre Fähigkeit unter Beweis stellen, effektiv in einer Teamumgebung zu arbeiten.

1. Schlüsselkomponenten Ihres Designprozesses

Auch wenn sich der Prozess jedes Designers leicht unterscheidet, gibt es doch einige Schlüsselkomponenten, die Sie in Ihr Portfolio aufnehmen sollten:

- Forschung: Erläutern Sie die anfängliche Forschungsphase Ihres Projekts, einschließlich Nutzerinterviews, Umfragen, Marktanalysen und Konkurrenzanalysen. Heben Sie die Erkenntnisse hervor, die Sie aus Ihrer Forschung gewonnen haben, und wie diese Ihre Designentscheidungen beeinflusst haben.
- Persona-Entwicklung: Stellen Sie die Benutzer-Personas vor, die Sie auf der Grundlage Ihrer Recherchen erstellt haben. Erläutern Sie, wie diese Personas Ihnen bei Ihren Designentscheidungen geholfen und sichergestellt haben, dass Sie während des gesamten Projekts den Endnutzer im Auge behalten haben.
- Informationsarchitektur und Benutzerführung: Beschreiben Sie, wie Sie den Inhalt und die Funktionen des Produkts organisiert und strukturiert haben und wie Sie die

Benutzerströme entwickelt haben, um den Weg des Benutzers durch das Produkt darzustellen.

- Wireframing und Prototyping: Erläutern Sie Ihre Herangehensweise an die Erstellung von Low-Fidelity-Wireframes und High-Fidelity-Prototypen und erläutern Sie, wie Sie mit diesen iterativen Schritten Ihr Design auf der Grundlage von Nutzerfeedback und Tests verfeinern konnten.
- Benutzertests: Erläutern Sie Ihre Benutzertest-Methoden, wie z. B. Usability-Tests, A/B-Tests oder Remote-Tests, und wie das erhaltene Feedback Ihnen bei der Optimierung Ihres Designs geholfen hat.
- Endgültiger Entwurf und Implementierung: Präsentieren Sie den endgültigen Entwurf Ihres Projekts, einschließlich der erforderlichen Dokumentation für Entwickler oder andere Beteiligte. Erörtern Sie alle Herausforderungen und Erfahrungen, die Sie während der Implementierungsphase gemacht haben.

1. Präsentieren Sie Ihren Designprozess auf klare und ansprechende Art und Weise

Bei der Darstellung Ihres Designprozesses ist es wichtig, die Informationen klar, ansprechend und visuell ansprechend zu präsentieren. Beachten Sie die folgenden Tipps:

- Unterstützen Sie Ihre Erzählung mit visuellen Mitteln: Binden Sie relevante Bilder ein, z. B. Skizzen, Wireframes und Screenshots, um Ihren Designprozess zu veranschaulichen. Visuelle Darstellungen können Ihren Prozess ansprechender und leichter verständlich machen.
- Organisieren Sie Ihren Inhalt logisch: Gliedern Sie Ihren Entwurfsprozess in einer logischen, chronologischen Reihenfolge, so dass es für den Betrachter einfach ist, ihm zu folgen. Verwenden Sie klare Überschriften und Zwischenüberschriften, um Ihren Inhalt aufzulockern und die Leser durch Ihre Erzählung zu führen.

- Seien Sie prägnant und konzentriert: Auch wenn es wichtig ist, Ihren Gestaltungsprozess ausführlich zu beschreiben, sollten Sie Ihr Publikum nicht mit zu vielen Details überwältigen. Halten Sie Ihre Beschreibungen kurz und bündig und heben Sie nur die wichtigsten und wirkungsvollsten Aspekte Ihres Prozesses hervor.

- Verwenden Sie Techniken des Geschichtenerzählens: Fesseln Sie Ihr Publikum, indem Sie eine fesselnde Geschichte über Ihren Designprozess erzählen. Erzählen Sie von Ihren Herausforderungen, Erfolgen und Erkenntnissen auf eine Art und Weise, die Ihr Publikum interessiert und an Ihrer Reise teilhaben lässt.

- Geben Sie den Kontext und die Gründe dafür an: Wenn Sie Ihre Design-Entscheidungen präsentieren, sollten Sie immer den Kontext und die Gründe für die Entscheidungen erläutern. Auf diese Weise können Ihre Zuhörer die Gründe für Ihre Entscheidungen nachvollziehen und zeigen, dass Ihre Entscheidungen fundiert und zielgerichtet waren.

- Zeigen Sie die Entwicklung Ihres Entwurfs: Stellen Sie die Entwicklung Ihres Entwurfs von den ersten Konzepten bis zur endgültigen Umsetzung dar und betonen Sie den iterativen Charakter des Entwurfsprozesses. Dies wird Ihrem Publikum helfen, die Entwicklung und Verfeinerung Ihrer Arbeit zu verstehen.

1. Anpassung der Präsentation Ihres Designprozesses an Ihr Publikum

Bei der Präsentation Ihres Designprozesses ist es wichtig, dass Sie Ihre Präsentation auf Ihr spezielles Publikum zuschneiden. Beachten Sie die folgenden Tipps, um sicherzustellen, dass Ihr Designprozess bei Ihrem Zielpublikum Anklang findet:

- Recherchieren Sie Ihr Publikum: Machen Sie sich ein Bild von den Bedürfnissen, Erwartungen und Vorlieben Ihres Zielpublikums. Dies wird Ihnen helfen, eine Präsentation des

Designprozesses zu erstellen, die auf deren Anliegen und Interessen eingeht.

- Konzentrieren Sie sich auf relevante Projekte: Wählen Sie Projekte, die für Ihre Zielgruppe und deren Branche am relevantesten sind. So können Sie Ihr Fachwissen in diesem speziellen Bereich unter Beweis stellen und die Wahrscheinlichkeit erhöhen, dass Sie das Interesse der Zielgruppe wecken.
- Heben Sie die wichtigsten Fähigkeiten und Techniken hervor: Heben Sie die Fähigkeiten, Techniken und Werkzeuge hervor, die für Ihr Publikum am relevantesten und wichtigsten sind. So können Sie Ihr Fachwissen in den Bereichen präsentieren, die für sie am wichtigsten sind.
- Passen Sie Ihren Ton und Ihre Sprache an: Passen Sie Ihren Ton und Ihre Sprache an die Vorlieben Ihres Publikums an. Wenn Sie beispielsweise eine Präsentation für ein eher technisches Publikum halten, sollten Sie eine technischere Sprache verwenden und sich auf die Details Ihres Prozesses konzentrieren. Ist Ihr Publikum hingegen eher geschäftsorientiert, sollten Sie die Auswirkungen Ihres Designs auf die Benutzerzufriedenheit und den Gewinn betonen.

Die Darstellung Ihres Designprozesses in Ihrem Portfolio ist ein wichtiger Aspekt, um Ihre Fähigkeiten, Ihr Fachwissen und Ihre Herangehensweise an das UX-Design zu demonstrieren. Durch die Präsentation einer klaren, ansprechenden und professionellen Darstellung Ihres Designprozesses können Sie potenziellen Arbeitgebern und Kunden Ihren Wert effektiv vermitteln und sich in der wettbewerbsintensiven Welt des UX-Designs hervorheben.

ihren erfolg festhalten: dokumentieren von fallstudien im ux-design

Dies ist ein wesentlicher Teil Ihres UX-Design-Portfolios, da Fallstudien das Rückgrat der Präsentation Ihrer Fähigkeiten, Erfahrungen und Leistungen sind. In diesem Abschnitt werden wir die Bedeutung von Fallstudien untersuchen, was sie enthalten sollten und wie Sie überzeugende, fesselnde Erzählungen über Ihre Designprojekte erstellen können.

1. Warum Fallstudien wichtig sind

Fallstudien sind aus mehreren Gründen wichtig. Sie ermöglichen es Ihnen,:

- Zeigen Sie Ihre Fähigkeiten und Ihr Fachwissen: Eine gut dokumentierte Fallstudie zeigt Ihre Fähigkeit, UX-Design-Prinzipien auf reale Projekte anzuwenden, und veranschaulicht Ihre Fähigkeiten und Ihr Fachwissen in der Praxis.
- Teilen Sie Ihren Designprozess: Indem Sie die Schritte aufzeigen, die Sie zur Lösung einer Designaufgabe unternommen haben, können Sie Ihre systematische Herangehensweise, Ihr kritisches Denken und Ihre Problemlösungsfähigkeiten unter Beweis stellen.
- Weisen Sie Ihre Wirkung nach: Fallstudien bieten greifbare Beispiele dafür, wie Ihre Entwürfe das Nutzererlebnis verbessert, Geschäftsergebnisse gefördert oder kritische Probleme gelöst haben, was Ihrer Arbeit mehr Glaubwürdigkeit verleiht.
- Verbinden Sie sich mit Ihrem Publikum: Eine gut geschriebene Fallstudie erzählt eine Geschichte, die Ihrem Publikum hilft, den Wert Ihrer Arbeit zu verstehen und zu schätzen, was eine tiefere Verbindung zu potenziellen Kunden oder Arbeitgebern schaffen kann.

1. Hauptbestandteile einer Fallstudie

Eine erfolgreiche Fallstudie sollte die folgenden Komponenten enthalten:

- Überblick über das Projekt: Beginnen Sie mit einer kurzen Einführung in das Projekt, seinen Kontext und seine Ziele. Dies bildet die Grundlage für den Rest der Fallstudie.
- Problemstellung: Formulieren Sie klar und deutlich das Problem oder die Herausforderung, die Sie zu lösen versuchten. Dies hilft Ihrem Publikum, die Notwendigkeit Ihrer Designmaßnahme zu verstehen.
- Nutzerforschung und Erkenntnisse: Beschreiben Sie die von Ihnen durchgeführte Nutzerforschung, wie z. B. Interviews, Umfragen oder Usability-Tests. Nennen Sie die wichtigsten Erkenntnisse, die Sie aus diesen Untersuchungen gewonnen haben, und erläutern Sie, wie diese Ihre Designentscheidungen beeinflusst haben.
- Designprozess und Iterationen: Beschreiben Sie die Schritte, die Sie zur Lösung des Problems unternommen haben, von den ersten Konzepten und Wireframes bis hin zu Prototypen und endgültigen Designs. Betonen Sie den iterativen Charakter Ihres Designprozesses und erklären Sie, wie Sie Ihre Ideen auf der Grundlage von Nutzerfeedback, Tests und anderen Überlegungen verfeinert haben.
- Ergebnisse und Auswirkungen: Geben Sie die Ergebnisse Ihrer Designarbeit an, z. B. Verbesserungen in der Nutzerzufriedenheit, höhere Konversionsraten oder andere relevante Messgrößen. Achten Sie darauf, diese Ergebnisse mit der Problemstellung in Verbindung zu bringen und zu zeigen, wie Ihr Design zum Erfolg des Projekts beigetragen hat.
- Überlegungen und Lehren: Schließen Sie Ihre Fallstudie mit einer Reflexion darüber ab, was Sie aus dem Projekt gelernt haben, mit welchen Herausforderungen Sie konfrontiert waren und wie Sie ähnliche Projekte in Zukunft angehen würden.

1. Eine überzeugende Erzählung verfassen

Eine gute Fallstudie erzählt eine Geschichte, die Ihr Publikum fesselt und sein Interesse an Ihrer Arbeit weckt. Im Folgenden finden Sie einige

Tipps, wie Sie eine überzeugende Geschichte über Ihre Designprojekte schreiben können:

- Verwenden Sie eine klare und logische Struktur: Gliedern Sie Ihre Fallstudie so, dass Ihr Publikum ihr leicht folgen kann, und verwenden Sie Überschriften und Zwischenüberschriften, um es durch die einzelnen Abschnitte zu führen.
- Erzählen Sie eine Geschichte: Gestalten Sie Ihre Fallstudie als Erzählung mit einem Anfang, einer Mitte und einem Ende. Beginnen Sie damit, den Schauplatz abzustecken und das Problem vorzustellen, führen Sie Ihr Publikum dann durch Ihren Designprozess und seine Iterationen und zeigen Sie schließlich die Ergebnisse und Auswirkungen Ihrer Arbeit auf.
- Seien Sie prägnant und konzentriert: Bringen Sie Ihre Fallstudie auf den Punkt und konzentrieren Sie sich auf die wichtigsten Aspekte Ihres Projekts. Vermeiden Sie zu viele Details, die Ihr Publikum ablenken oder verwirren könnten.
- Unterstützen Sie Ihre Erzählung mit visuellen Mitteln: Fügen Sie relevante Bilder wie Wireframes, Mockups und Screenshots ein, damit sich Ihr Publikum ein Bild von Ihrem Designprozess und dessen Ergebnissen machen kann. Visuelle Darstellungen können ein wirkungsvolles Mittel sein, um Ihre Ideen zu vermitteln und Ihre Fallstudie ansprechender zu gestalten.
- Achten Sie auf einen einheitlichen Ton und eine einheitliche Sprache: Schreiben Sie Ihre Fallstudie in einem freundlichen, unterhaltsamen Ton, der mit dem Rest Ihres Portfolios übereinstimmt. Das hilft Ihrem Publikum, sich mit Ihrer Arbeit zu identifizieren und Ihre Perspektive als Designer zu verstehen.

1. Maßgeschneiderte Fallstudien für unterschiedliche Zielgruppen

Denken Sie daran, dass verschiedene Zielgruppen an unterschiedlichen Aspekten Ihrer Arbeit interessiert sein können. Potenzielle Kunden interessieren sich zum Beispiel eher für die geschäftlichen Auswirkungen Ihrer Entwürfe, während andere Designer sich vielleicht mehr für Ihren kreativen Prozess und Ihre Gestaltungsprinzipien interessieren. Überlegen Sie sich, wie Sie Ihre Fallstudien auf die spezifischen Bedürfnisse und Interessen Ihrer Zielgruppe zuschneiden können:

- Stellen Sie relevante Fähigkeiten und Fachkenntnisse heraus: Betonen Sie die Aspekte Ihrer Arbeit, die für die Bedürfnisse Ihrer Zielgruppe am wichtigsten sind. Wenn Sie sich beispielsweise an Kunden in einer bestimmten Branche wenden, sollten Sie sich auf Fallstudien konzentrieren, die Ihre Erfahrung und Ihren Erfolg in diesem Sektor belegen.
- Gehen Sie auf allgemeine Probleme ein: Ermitteln Sie die Herausforderungen und Probleme, die für Ihre Zielgruppe am wichtigsten sind, und zeigen Sie, wie Ihre Designarbeit zur Lösung dieser Probleme beigetragen hat. Dies kann dazu beitragen, Ihre Glaubwürdigkeit zu erhöhen und den Wert Ihrer Dienstleistungen zu demonstrieren.
- Verwenden Sie eine Sprache, die bei Ihrer Zielgruppe ankommt: Sprechen Sie die gleiche Sprache wie Ihre Zielgruppe und verwenden Sie Begriffe und Konzepte, mit denen sie wahrscheinlich vertraut sind. So stellen Sie eine Beziehung her und machen Ihre Fallstudien verständlicher und zugänglicher.

1. Aktualisieren und Verfeinern Ihrer Fallstudien

Während Ihre Karriere voranschreitet und Ihr Portfolio wächst, ist es wichtig, Ihre Fallstudien regelmäßig zu aktualisieren und zu verfeinern, damit sie Ihre neuesten Arbeiten und Erfolge widerspiegeln. Hier sind einige Tipps, wie Sie Ihre Fallstudien aktuell und relevant halten können:

- Aktualisieren Sie Ihre Ergebnisse und Auswirkungen: Sobald neue Daten zur Verfügung stehen, sollten Sie die Ergebnisse und Auswirkungen Ihrer Entwürfe aktualisieren, damit sie den neuesten Informationen entsprechen. Auf diese Weise können Sie Ihre Fallstudien aktuell halten und den laufenden Wert Ihrer Arbeit demonstrieren.

- Nehmen Sie neue Projekte auf: Wenn Sie neue Projekte abschließen, sollten Sie diese als neue Fallstudien in Ihr Portfolio aufnehmen. So können Sie die Breite und Tiefe Ihrer Erfahrung zeigen und Ihr Portfolio auf dem neuesten Stand halten.
- Verfeinern Sie Ihr Storytelling: Mit zunehmender Erfahrung als Designer finden Sie vielleicht neue und effektivere Wege, die Geschichte Ihrer Designprojekte zu erzählen. Suchen Sie nach Möglichkeiten, Ihr Storytelling zu verfeinern und Ihre Fallstudien noch ansprechender und überzeugender zu gestalten.
- Holen Sie Feedback von anderen ein: Bitten Sie Kunden, Kollegen und Mentoren um Feedback zu Ihren Fallstudien. Dies kann Ihnen dabei helfen, verbesserungswürdige Bereiche zu identifizieren und neue Perspektiven zu entdecken, die Sie vielleicht nicht in Betracht gezogen haben.

Die Dokumentation von Fallstudien ist ein wichtiger Aspekt bei der Präsentation Ihrer Fähigkeiten und Erfahrungen im UX-Design. Eine gut ausgearbeitete Fallstudie erzählt die Geschichte Ihrer Designprojekte, demonstriert Ihr Fachwissen und liefert einen greifbaren Beweis für Ihren Einfluss. Wenn Sie die in diesem Abschnitt aufgeführten Tipps und Richtlinien befolgen, können Sie überzeugende, ansprechende Fallstudien erstellen, die bei Ihrer Zielgruppe Anklang finden und Sie von der Konkurrenz abheben.

tipps für die präsentation des portfolios

Die Präsentation Ihres UX-Design-Portfolios kann darüber entscheiden, ob Sie Ihren Traumjob bekommen oder einen hochkarätigen Kunden gewinnen können. In diesem Abschnitt werden wir einige wichtige Tipps für die Erstellung einer ausgefeilten, professionellen und ansprechenden Portfolio-Präsentation erkunden, die Ihnen helfen wird, sich von der Konkurrenz abzuheben und Ihre Designkompetenz zu präsentieren.

1. Wählen Sie die richtige Plattform

Als Erstes müssen Sie sich für eine Plattform entscheiden, auf der Sie Ihr Portfolio hosten und präsentieren möchten. Es gibt zahlreiche Optionen, von speziellen Portfolio-Websites wie Dribbble und Behance bis hin zur Erstellung einer eigenen Website auf einer Plattform wie WordPress oder Webflow. Beachten Sie bei der Auswahl Ihrer Plattform die folgenden Faktoren:

- Flexibilität: Wählen Sie eine Plattform, die es Ihnen ermöglicht, das Erscheinungsbild Ihres Portfolios individuell zu gestalten, damit Sie eine einzigartige und unvergessliche Online-Präsenz schaffen können.
- Benutzerfreundlichkeit: Entscheiden Sie sich für eine Plattform, die einfach zu aktualisieren und zu pflegen ist, damit Sie schnell neue Projekte hinzufügen und bei Bedarf Änderungen vornehmen können.
- Integration mit anderen Diensten: Wählen Sie eine Plattform, die mit anderen Diensten wie LinkedIn oder Social-Media-Plattformen integriert werden kann, um Ihre Präsenz zu maximieren und ein größeres Publikum zu erreichen.

1. Vorrang für Qualität vor Quantität

Wenn es um die Präsentation eines Portfolios geht, ist weniger oft mehr. Es ist besser, einige wenige herausragende Projekte zu präsentieren, die Ihre gestalterischen Fähigkeiten und Ihr Fachwissen unter Beweis stellen, als Ihr Publikum mit einer großen Menge mittelmäßiger Arbeiten zu überwältigen. Konzentrieren Sie sich darauf, Projekte aufzunehmen, die:

- Zeigen Sie Ihre Bandbreite und Vielseitigkeit als Designer

- Zeigen Sie Ihre Problemlösungsfähigkeiten und Ihr gestalterisches Denken
- Ihre Fähigkeiten im Umgang mit verschiedenen Tools und Technologien hervorheben
- Fesselnde Fallstudien, wie im vorherigen Abschnitt beschrieben

1. Optimieren für mobile Geräte

In der heutigen digitalen Landschaft wird ein großer Teil Ihres Publikums wahrscheinlich über mobile Geräte auf Ihr Portfolio zugreifen. Stellen Sie sicher, dass Ihr Portfolio responsive und für die Anzeige auf verschiedenen Bildschirmgrößen und Geräten optimiert ist. Testen Sie Ihr Portfolio auf mehreren Geräten und Browsern, um ein reibungsloses Nutzererlebnis zu gewährleisten, und nehmen Sie gegebenenfalls Anpassungen vor, um die Leistung und Benutzerfreundlichkeit zu verbessern.

1. Hochwertige Bilder und Grafiken verwenden

Bildmaterial ist ein wesentlicher Bestandteil eines jeden Designportfolios, und die Qualität Ihrer Bilder kann den Gesamteindruck, den Sie hinterlassen, erheblich beeinflussen. Investieren Sie in qualitativ hochwertige Bilder und Grafiken für Ihr Portfolio, und beachten Sie die folgenden Tipps:

- Verwenden Sie große, hochauflösende Bilder, die die Details Ihrer Arbeit zeigen
- Entscheiden Sie sich für einheitliche Bildgrößen und Seitenverhältnisse, um ein kohärentes visuelles Erlebnis zu schaffen.
- Wählen Sie Bilder, die wichtige Aspekte Ihres Designprozesses hervorheben, von ersten Skizzen und Wireframes bis hin zu endgültigen Mockups und Prototypen

1. Organisieren Sie Ihre Projekte strategisch

Die Organisation und Struktur Ihres Portfolios kann einen großen Einfluss darauf haben, wie Ihre Arbeit wahrgenommen wird. Ordnen Sie Ihre Projekte strategisch an, um einen reibungslosen, ansprechenden Fluss zu schaffen, der Ihr Publikum durch Ihre Designreise führt:

- Beginnen Sie mit Ihrer stärksten Arbeit: Beginnen Sie Ihr Portfolio mit Ihren beeindruckendsten Projekten, um die Aufmerksamkeit Ihres Publikums sofort auf sich zu ziehen.
- Gruppieren Sie ähnliche Projekte: Fassen Sie Projekte mit ähnlichen Themen oder Branchen zusammen, um Ihre Kompetenz in bestimmten Bereichen zu demonstrieren.
- Verwenden Sie eine klare Navigation: Stellen Sie sicher, dass Ihr Portfolio einfach zu navigieren ist, mit intuitiven Menüs, Überschriften und Links, die es den Nutzern leicht machen, Ihre Arbeit zu erkunden.

1. Bereitstellung von Kontext und Einblicken

Auch wenn Ihre Entwürfe für sich selbst sprechen, ist es wichtig, einen Kontext und Einblick in Ihre Arbeit zu geben. Begleiten Sie jedes Projekt mit einer kurzen Beschreibung, die Folgendes umfasst:

- Die Ziele des Projekts
- Mit welchen Herausforderungen und Zwängen Sie konfrontiert waren
- Ihr Designprozess und -ansatz
- Die Ergebnisse und Auswirkungen Ihrer Arbeit

Diese Informationen werden Ihrem Publikum helfen, Ihren Denkprozess, Ihre Entscheidungsfindung und den Wert, den Sie als UX-Designer mitbringen, zu verstehen.

1. Korrekturlesen und Bearbeiten

Schließlich sollten Sie sich die Zeit nehmen, Ihre Mappe gründlich Korrektur zu lesen und zu bearbeiten. Tippfehler, grammatikalische

Fehler und Ungereimtheiten können die Professionalität Ihrer Präsentation beeinträchtigen und einen negativen Eindruck bei potenziellen Arbeitgebern oder Kunden hinterlassen. Beachten Sie die folgenden Tipps zum Korrekturlesen und Bearbeiten:

- Prüfen Sie auf Rechtschreib- und Grammatikfehler: Verwenden Sie ein Tool wie Grammarly oder beauftragen Sie einen Freund, Ihr Portfolio auf Fehler zu überprüfen, die Sie möglicherweise übersehen haben.
- Achten Sie auf Konsistenz: Achten Sie darauf, dass Formatierung, Typografie und Stil in Ihrem gesamten Portfolio einheitlich sind. Dies trägt zu einer ausgefeilten und kohärenten Präsentation bei.
- Verfeinern Sie Ihren Text: Halten Sie Ihre Beschreibungen und Erklärungen klar, prägnant und ansprechend. Verzichten Sie auf unnötigen Fachjargon und Schlagworte und konzentrieren Sie sich auf die effektive Vermittlung der wichtigsten Aspekte Ihrer Arbeit.

1. Feedback einholen

Bevor Sie Ihr Portfolio veröffentlichen, sollten Sie sich Feedback von vertrauenswürdigen Kollegen, Mentoren oder Kollegen einholen. Deren Einblicke können Ihnen helfen, verbesserungswürdige Bereiche zu identifizieren, übersehene Fehler aufzudecken und sicherzustellen, dass Ihr Portfolio Ihre Arbeit im bestmöglichen Licht präsentiert. Seien Sie offen für konstruktive Kritik und nutzen Sie das Feedback, das Sie erhalten, um Ihre Präsentation zu verfeinern und zu verbessern.

1. Werben Sie für Ihr Portfolio

Sobald Sie eine beeindruckende Portfolio-Präsentation erstellt haben, ist es an der Zeit, sie mit der Welt zu teilen. Bewerben Sie Ihr Portfolio über verschiedene Kanäle, um Ihre Sichtbarkeit zu erhöhen und potenzielle Arbeitgeber oder Kunden zu gewinnen:

- Teilen Sie Ihr Portfolio auf Social-Media-Plattformen wie LinkedIn, Twitter und Instagram
- Fügen Sie einen Link zu Ihrem Portfolio in Ihre E-Mail-Signatur und in Ihren Lebenslauf ein
- Nehmen Sie an Branchenveranstaltungen und Konferenzen teil und knüpfen Sie Kontakte zu anderen Fachleuten, die Ihnen helfen können, Ihre Arbeit bekannt zu machen.

1. Halten Sie Ihr Portfolio auf dem neuesten Stand

Ein starkes Portfolio ist ein sich ständig weiterentwickelndes Schaufenster Ihrer Fähigkeiten und Errungenschaften. Aktualisieren Sie Ihr Portfolio regelmäßig mit neuen Projekten, Fallstudien und Erfahrungen, um Ihre kontinuierliche Entwicklung als UX-Designer zu demonstrieren. Auf diese Weise bleibt Ihr Portfolio nicht nur frisch und ansprechend, sondern zeigt auch Ihr Engagement, in der sich ständig verändernden Welt des UX-Designs auf dem Laufenden zu bleiben.

Zusammenfassend lässt sich sagen, dass eine außergewöhnliche Portfolio-Präsentation Ihre Aussichten als UX-Designer erheblich verbessern kann. Durch die Auswahl der richtigen Plattform, die Priorität von Qualität vor Quantität, die Optimierung für mobile Geräte, die Verwendung hochwertiger Bilder, die strategische Organisation Ihrer Projekte, das Bereitstellen von Kontext, das Korrekturlesen und Bearbeiten, das Einholen von Feedback, das Bewerben Ihres Portfolios und dessen ständige Aktualisierung schaffen Sie eine überzeugende Präsentation Ihrer Designkompetenz, die Sie von der Konkurrenz abhebt. Denken Sie daran, dass Ihr Portfolio Ihren einzigartigen Stil, Ihren Ansatz und Ihre Fähigkeiten widerspiegelt - sorgen Sie dafür, dass es einen bleibenden Eindruck hinterlässt.

online-portfolio-plattformen und -tools

In der Welt des UX-Designs ist Ihr Portfolio Ihre Eintrittskarte, um potenziellen Arbeitgebern und Kunden Ihre Fähigkeiten, Kreativität und Erfahrung zu präsentieren. Ein gut gestaltetes Online-Portfolio kann Ihnen helfen, sich von der Masse abzuheben und Ihren Traumjob oder

Ihr Traumprojekt zu bekommen. Bei der Vielzahl der verfügbaren Online-Portfolio-Plattformen und -Tools kann es schwierig sein, die richtige für Sie zu finden. In diesem Abschnitt stellen wir Ihnen die wichtigsten Funktionen und Vorteile der beliebtesten Online-Portfolio-Plattformen und -Tools vor, damit Sie eine fundierte Entscheidung treffen können.

1. Behance

Behance, das zu Adobe gehört, ist eine beliebte Plattform für Kreativprofis, die ihre Arbeit in verschiedenen Bereichen wie UX-Design, Grafikdesign, Fotografie und Illustration präsentieren. Mit der übersichtlichen und benutzerfreundlichen Oberfläche von Behance können Sie ein visuell ansprechendes Portfolio erstellen, das Ihre besten Projekte und Fallstudien hervorhebt.
Wesentliche Merkmale:

- Integration mit Adobe Creative Cloud
- Anpassbare Projektlayouts
- Fähigkeit, Moodboards und Kollektionen zu erstellen
- Jobbörse und Vernetzungsmöglichkeiten

1. Dribbble

Dribbble ist eine bekannte Plattform für Designer, auf der sie ihre Arbeiten präsentieren, sich inspirieren lassen und mit einer weltweiten Gemeinschaft von Kreativen in Kontakt treten können. Ursprünglich war die Plattform nur für geladene Gäste zugänglich. Heute kann sich jeder anmelden und sein Portfolio präsentieren.
Wesentliche Merkmale:

- Einfache und übersichtliche Benutzeroberfläche
- Tools für Feedback und Zusammenarbeit
- Jobbörse und Möglichkeiten für freiberufliche Projekte
- Pro-Mitgliedschaftsoption für zusätzliche Funktionen und Vorteile

1. Adobe-Portfolio

Adobe Portfolio ist ein leistungsstarker und benutzerfreundlicher Website-Builder, der speziell für Kreativprofis entwickelt wurde. Dank der nahtlosen Integration mit Adobe Creative Cloud können Sie schnell und mühelos ein ansprechendes Online-Portfolio erstellen.
Wesentliche Merkmale:

- Anpassbare Vorlagen und Layouts
- Integration mit Adobe Creative Cloud
- Responsive Design für optimale Darstellung auf verschiedenen Geräten
- Im Lieferumfang des Adobe Creative Cloud-Abonnements enthalten

1. Squarespace

Squarespace ist ein beliebter Website-Baukasten, der für seine schönen Vorlagen und seine benutzerfreundliche Oberfläche bekannt ist. Squarespace wurde zwar nicht speziell für UX-Designer entwickelt, bietet aber eine Reihe von anpassbaren Vorlagen, die auf die Präsentation Ihrer Designarbeit zugeschnitten werden können.
Wesentliche Merkmale:

- Elegante und reaktionsschnelle Vorlagen
- Individuelle Domain- und Hosting-Optionen
- Integration des elektronischen Geschäftsverkehrs für den Verkauf von Produkten oder Dienstleistungen
- Integrierte Analyse- und SEO-Tools

1. Wix

Wix ist ein vielseitiger Website-Baukasten mit einer großen Auswahl an Vorlagen und Anpassungsmöglichkeiten. Der Drag-and-Drop-Editor macht es jedem leicht, ein professionell aussehendes Portfolio zu erstellen - auch ohne Programmierkenntnisse.

Wesentliche Merkmale:

- Website-Erstellung per Drag-and-Drop
- Große Auswahl an anpassbaren Vorlagen
- App-Markt mit verschiedenen Add-ons und Integrationen
- Kostenlose und Premium-Tarife verfügbar

1. Webflow

Webflow ist ein leistungsstarkes Webdesign-Tool, das die Einfachheit eines visuellen Editors mit der Flexibilität von benutzerdefiniertem Code kombiniert. Obwohl die Lernkurve steiler ist als bei einigen anderen Plattformen, bietet Webflow fortschrittliche Designfunktionen und die Möglichkeit, einzigartige, responsive Portfolios zu erstellen.
Wesentliche Merkmale:

- Visueller Editor mit Funktionen für benutzerdefinierten Code
- Responsive Design und CSS-Grid-Unterstützung
- Integriertes Hosting und SSL-Zertifizierung
- Kundenabrechnung und E-Commerce-Funktionen

1. Fracht

Cargo ist eine speziell auf Kreativschaffende zugeschnittene Portfolio-Plattform. Sie bietet eine kuratierte Auswahl an Vorlagen und ermöglicht es Ihnen, mit minimalem Aufwand eine visuell ansprechende Online-Präsenz zu erstellen.
Wesentliche Merkmale:

- Kuratierte Vorlagen für kreative Portfolios
- Anpassbare Typografie- und Layout-Optionen
- Passwortschutz für private Projekte
- Integrierte Analyse- und SEO-Tools

Wenn Sie die verschiedenen Online-Portfolio-Plattformen und -Tools in Betracht ziehen, sollten Sie die folgenden Faktoren berücksichtigen:

- Ihr technisches Fachwissen: Einige Plattformen sind eher anfängerfreundlich, während andere sich an Nutzer mit fortgeschrittenen Programmierkenntnissen richten.
- Anpassungsmöglichkeiten: Suchen Sie nach einer Plattform, die eine Reihe von Vorlagen und Anpassungsfunktionen bietet, um ein Portfolio zu erstellen, das Ihren einzigartigen Stil und Ihre Marke widerspiegelt.
- Kosten: Bestimmen Sie Ihr Budget und vergleichen Sie die Preispläne der verschiedenen Plattformen. Einige bieten kostenlose Pläne mit grundlegenden Funktionen, während andere ein Abonnement oder eine einmalige Gebühr für erweiterte Optionen verlangen.
- Integration mit anderen Tools: Wenn Sie bereits bestimmte Tools wie Adobe Creative Cloud verwenden, sollten Sie Plattformen in Betracht ziehen, die eine nahtlose Integration für einen optimierten Workflow bieten.
- Community- und Networking-Möglichkeiten: Einige Plattformen verfügen über integrierte Networking-Funktionen, Jobbörsen und Design-Communities, die Ihnen helfen können, mit anderen Fachleuten in Kontakt zu treten und neue Möglichkeiten zu finden.

Sobald Sie sich für eine Plattform entschieden haben, die Ihren Anforderungen entspricht, sollten Sie diese Tipps für die Erstellung eines überzeugenden Online-Portfolios beachten:

1. Geben Sie der Qualität den Vorzug vor der Quantität: Konzentrieren Sie sich darauf, Ihre besten Arbeiten zu präsentieren, anstatt jedes Projekt aufzuführen, das Sie jemals abgeschlossen haben. Eine sorgfältig zusammengestellte Auswahl von Projekten hinterlässt bei potenziellen Kunden oder Arbeitgebern einen stärkeren Eindruck.
2. Verwenden Sie hochwertige Bilder und visuelle Elemente: Achten Sie darauf, dass Ihre Portfoliobilder gestochen scharf, klar und visuell ansprechend sind. Hochwertiges Bildmaterial vermittelt Ihre Liebe zum Detail und Ihre Professionalität.

3. Machen Sie es einfach zu navigieren: Organisieren Sie Ihr Portfolio so, dass es für Besucher einfach zu navigieren und zu verstehen ist. Erwägen Sie die Verwendung von Kategorien, Tags oder Filtern, damit die Nutzer relevante Projekte schnell finden.

4. Fügen Sie detaillierte Projektbeschreibungen bei: Geben Sie für jedes Projekt einen kurzen Überblick über Ihre Rolle, die verwendeten Werkzeuge und Technologien sowie über die Herausforderungen und wichtigsten Erkenntnisse. Dies wird den Besuchern helfen, den Kontext und den Umfang Ihrer Arbeit zu verstehen.

5. Optimieren Sie für mobile Geräte: Da immer mehr Menschen über Smartphones und Tablets auf das Internet zugreifen, ist es wichtig, dass Ihr Portfolio auf allen Geräten gut aussieht und reibungslos funktioniert.

6. Aktualisieren Sie Ihre Mappe regelmäßig: Wenn Sie neue Projekte abschließen oder sich neue Fähigkeiten aneignen, sollten Sie Ihre Mappe aktualisieren, damit sie Ihre neuesten Arbeiten und Leistungen widerspiegelt.

Wenn Sie die richtige Online-Portfolio-Plattform auswählen und diese Tipps befolgen, sind Sie auf dem besten Weg, ein beeindruckendes, effektives Portfolio zu erstellen, das Ihre einzigartigen Talente zur Geltung bringt und Ihnen hilft, sich in der wettbewerbsorientierten Welt des UX-Designs abzuheben.

kapitel 5:
vorbereitung auf vorstellungsgespräche für ux-designer

den ux-design-stellenmarkt verstehen

WENN SIE SICH auf den Weg zum UX-Designer machen, ist es wichtig, den Arbeitsmarkt zu verstehen, in den Sie eintreten. Wenn Sie den Arbeitsmarkt für UX-Designer in- und auswendig kennen, können Sie fundierte Entscheidungen über Ihre berufliche Laufbahn treffen und sicherstellen, dass Sie sich als wettbewerbsfähiger Kandidat positionieren.

In diesem Abschnitt werden wir verschiedene Aspekte des UX-Design-Stellenmarktes untersuchen, einschließlich des Branchenwachstums, der Arten von Unternehmen, die UX-Designer einstellen, der Aufgaben und Zuständigkeiten sowie der gängigen Berufsbezeichnungen. Wir gehen auch auf die Bedeutung von Soft Skills ein und wie man mit den sich entwickelnden Branchentrends Schritt halten kann.

Wachstum der Industrie

Die Nachfrage nach UX-Designern ist in den letzten Jahren sprunghaft angestiegen, da Unternehmen aller Größenordnungen den Wert der Entwicklung benutzerfreundlicher Produkte und Dienstleistungen erkannt haben. Nach Angaben des Bureau of Labor Statistics wird die Beschäftigung von Webentwicklern und digitalen Designern, einschließlich UX-Designern, in den nächsten zehn Jahren deutlich schneller wachsen als der Durchschnitt aller Berufe.

Dieses Wachstum lässt sich auf mehrere Faktoren zurückführen, z. B. die zunehmende Nutzung mobiler Geräte, den Anstieg des elektronischen Handels und die wachsende Bedeutung der Benutzerfreundlichkeit als entscheidendes Unterscheidungsmerkmal auf wettbewerbsorientierten Märkten. Infolgedessen ist das UX-Design ein attraktives Feld mit zahlreichen Beschäftigungsmöglichkeiten für angehende Designer.

Arten von Unternehmen, die UX-Designer einstellen

UX-Designer finden Beschäftigungsmöglichkeiten in einer Vielzahl von Branchen und Unternehmensgrößen. Einige häufige Arten von Unternehmen, die UX-Designer einstellen, sind:

- Technische Start-ups: Startups, die sich auf die Entwicklung neuer digitaler Produkte oder Dienstleistungen konzentrieren, benötigen oft UX-Designer, um von Anfang an intuitive und ansprechende Benutzererlebnisse zu schaffen.
- Große Unternehmen: Viele etablierte Unternehmen haben interne UX-Design-Teams, die für die Pflege und Verbesserung bestehender oder die Entwicklung neuer Produkte zuständig sind.
- Design-Agenturen: UX-Designer, die in Designagenturen arbeiten, arbeiten in der Regel mit verschiedenen Kunden zusammen, um Benutzererfahrungen für verschiedene Produkte und Dienstleistungen zu entwickeln.
- Freiberufliche Tätigkeit und Beratung: Einige UX-Designer entscheiden sich für eine selbständige Tätigkeit und bieten ihre Dienste auf Projektbasis oder als Berater für Unternehmen an, die UX-Fachwissen benötigen.

Rollen und Verantwortlichkeiten

Während die spezifischen Aufgaben eines UX-Designers je nach Unternehmen und Projekt variieren können, gehören zu den allgemeinen Aufgaben:

- Durchführung von Nutzerforschung, um die Bedürfnisse, Verhaltensweisen und Motivationen der Nutzer zu verstehen

- Erstellung von Benutzer-Personas und Szenarien als Grundlage für Designentscheidungen
- Entwicklung von Informationsarchitekturen, wie z. B. Website-Karten und Navigationssysteme
- Entwurf von Wireframes, Mockups und Prototypen zur Vermittlung von Designkonzepten
- Durchführung von Gebrauchstauglichkeitstests und Iteration von Entwürfen auf der Grundlage von Nutzerfeedback
- Zusammenarbeit mit anderen Designern, Entwicklern und Interessenvertretern, um ein kohärentes Benutzererlebnis zu gewährleisten

Allgemeine Berufsbezeichnungen

Im Bereich des UX-Designs können die Berufsbezeichnungen sehr unterschiedlich sein und müssen nicht immer den Begriff "UX-Designer" enthalten. Einige gängige Berufsbezeichnungen im Zusammenhang mit UX-Design sind:

- User Experience Designer
- Interaktionsdesigner
- Benutzeroberfläche (UI) Designer
- Produktdesigner
- Nutzerforscher
- Informationsarchitekt

Es ist wichtig, die Stellenbeschreibungen sorgfältig zu lesen, da sich die mit diesen Titeln verbundenen Aufgaben von Unternehmen zu Unternehmen unterscheiden können. Außerdem können einige Aufgaben Elemente des UX- und UI-Designs kombinieren, während andere sich hauptsächlich auf einen Aspekt konzentrieren.

Die Bedeutung von Soft Skills

Während technische Fähigkeiten und Designkenntnisse für eine erfolgreiche Karriere im UX-Design entscheidend sind, können Soft Skills ebenso wichtig sein. Arbeitgeber schätzen oft UX-Designer, die über starke Kommunikations-, Teamwork- und Problemlösungsfähigkeiten verfügen. Weitere wünschenswerte Soft Skills sind Einfühlungsvermögen, Anpassungsfähigkeit und eine nutzerzentrierte Denkweise.

Die Entwicklung Ihrer Soft Skills macht Sie nicht nur zu einem effektiveren UX-Designer, sondern hebt Sie auch von anderen Bewerbern auf dem Arbeitsmarkt ab.

Mit den Trends der Branche Schritt halten

So wie sich die Technologie und die Bedürfnisse der Nutzer weiterentwickeln, so entwickelt sich auch der Bereich des UX-Designs weiter. Um auf dem Arbeitsmarkt wettbewerbsfähig zu bleiben, ist es wichtig, über neue Trends, bewährte Verfahren und neue Tools und Technologien informiert zu bleiben. Sie können sich über die Entwicklungen in der Branche auf dem Laufenden halten, indem Sie an Konferenzen teilnehmen, sich an Online-Foren und -Communities beteiligen, Branchenpublikationen lesen und Vordenkern in den sozialen Medien folgen. Indem Sie sich über neue Entwicklungen auf dem Laufenden halten, können Sie Veränderungen auf dem Arbeitsmarkt vorhersehen und sich an sie anpassen und sicherstellen, dass Ihre Fähigkeiten relevant bleiben.

Vorbereitung auf Vorstellungsgespräche

Um ein Vorstellungsgespräch als UX-Designer zu bestehen, muss man oft eine Mischung aus der Präsentation seiner gestalterischen Fähigkeiten, der Demonstration seiner Soft Skills und einem ausgeprägten Verständnis für die Produkte oder Dienstleistungen des Unternehmens vorweisen. Um sich auf Vorstellungsgespräche vorzubereiten, sollten Sie Zeit damit verbringen, das Unternehmen zu recherchieren und sich mit dessen Designphilosophie und -stil vertraut zu machen.

Bereiten Sie sich darauf vor, während des Vorstellungsgesprächs über Ihren Designprozess zu sprechen, dem Gesprächspartner Ihre Mappe zu zeigen und Ihre Gründe für bestimmte Designentscheidungen zu erläutern. Außerdem werden Sie möglicherweise gebeten, eine Designaufgabe zu lösen oder an einer Gruppenaktivität teilzunehmen, um Ihre Fähigkeiten zur Problemlösung und Zusammenarbeit zu testen.

Erstellung eines Plans zur beruflichen Entwicklung

Wenn Sie in Ihrer Karriere als UX-Designer vorankommen, ist es wichtig, einen Plan für Ihre berufliche Entwicklung zu haben. Legen Sie kurz- und langfristige Ziele fest, identifizieren Sie Bereiche, in denen Sie sich verbessern möchten, und bestimmen Sie, welche Fähigkeiten oder

Qualifikationen Ihnen helfen können, in Ihrer Karriere voranzukommen. Überprüfen und aktualisieren Sie Ihren beruflichen Entwicklungsplan regelmäßig, wenn sich Ihre Ziele und Prioritäten im Laufe der Zeit ändern.

Das Verständnis des UX-Design-Stellenmarktes ist ein entscheidender Schritt für den Start Ihrer Karriere in diesem spannenden Bereich. Indem Sie sich mit dem Wachstum der Branche, den Arten von Unternehmen, die UX-Designer einstellen, den Aufgaben und Verantwortlichkeiten sowie den gängigen Berufsbezeichnungen vertraut machen, können Sie sich besser für den Erfolg positionieren. Vergessen Sie nicht, wie wichtig Soft Skills sind und wie wichtig es ist, sich über Branchentrends auf dem Laufenden zu halten, damit Sie auf dem sich ständig weiterentwickelnden Arbeitsmarkt wettbewerbsfähig bleiben. Während Sie Erfahrung sammeln und Ihre Fähigkeiten verfeinern, entwickeln Sie weiterhin einen Karriereplan, der mit Ihren beruflichen Zielen und Wünschen übereinstimmt.

erstellung eines maßgeschneiderten lebenslaufs und anschreibens

Die Stellensuche kann eine Herausforderung sein, aber die Erstellung eines maßgeschneiderten Lebenslaufs und Anschreibens ist ein wichtiger Schritt, um einen guten ersten Eindruck zu hinterlassen und ein Vorstellungsgespräch zu bekommen. In diesem Abschnitt werden wir Strategien zur Erstellung eines überzeugenden Lebenslaufs und Anschreibens erörtern, die Ihre Fähigkeiten und Erfahrungen im bestmöglichen Licht darstellen.

Erstellung eines maßgeschneiderten Lebenslaufs

Ein gut gestalteter Lebenslauf kann Ihnen helfen, sich von anderen Bewerbern abzuheben und Ihren einzigartigen Wert als UX-Designer zu präsentieren. Hier sind einige Tipps für die Gestaltung eines Lebenslaufs, der Ihre Fähigkeiten, Erfahrungen und Leistungen hervorhebt:

1. Beginnen Sie mit einer aussagekräftigen Zusammenfassung: Beginnen Sie Ihren Lebenslauf mit einer kurzen Zusammenfassung, die Ihre wichtigsten Fähigkeiten und

Erfahrungen hervorhebt. Dieser Abschnitt sollte kurz und prägnant sein und auf die Stelle, für die Sie sich bewerben, zugeschnitten sein. Vermitteln Sie dem Personalverantwortlichen ein klares Bild von Ihrem Fachwissen und von dem, was Sie mitbringen.

2. Konzentrieren Sie sich auf Ihre Leistungen: Wenn Sie Ihre Berufserfahrung beschreiben, betonen Sie Ihre Leistungen und den Einfluss, den Sie in Ihren früheren Positionen hatten. Verwenden Sie konkrete Zahlen und Kennzahlen, um Ihre Erfolge zu belegen, z. B. den Prozentsatz der gesteigerten Nutzerbindung oder die Anzahl der erfolgreichen Produkteinführungen, zu denen Sie beigetragen haben.

3. Präsentieren Sie Ihre Designfähigkeiten: Stellen Sie sicher, dass ein Abschnitt Ihren Designfähigkeiten gewidmet ist, wie z. B. Wireframing, Prototyping, Benutzertests und Interaktionsdesign. Führen Sie die Design-Tools und -Software auf, die Sie beherrschen, und nennen Sie alle relevanten Zertifizierungen oder Kurse, die Sie absolviert haben.

4. Heben Sie Ihre Soft Skills hervor: Soft Skills, wie z. B. Kommunikation, Zusammenarbeit und Problemlösung, werden in UX-Design-Positionen sehr geschätzt. Erwähnen Sie auf jeden Fall alle Erfahrungen, die Ihre Fähigkeit belegen, gut mit anderen zusammenzuarbeiten, Projekte zu managen und sich an veränderte Umstände anzupassen.

5. Fassen Sie sich kurz: Bemühen Sie sich um einen ein- bis zweiseitigen Lebenslauf, der Ihre wichtigsten und eindrucksvollsten Informationen enthält. Denken Sie daran, dass Personalverantwortliche jeden Lebenslauf nur wenige Sekunden überfliegen. Achten Sie also darauf, dass Ihr Inhalt prägnant, gut strukturiert und leicht zu lesen ist.

6. Passen Sie Ihren Lebenslauf an die Stelle an: Passen Sie Ihren Lebenslauf für jede Bewerbung an, indem Sie die Fähigkeiten und Erfahrungen hervorheben, die für die Stelle am wichtigsten sind. Lesen Sie die Stellenbeschreibung sorgfältig durch und achten Sie darauf, dass Sie auf etwaige spezifische Anforderungen eingehen.

Ein maßgeschneidertes Anschreiben verfassen

Ein gut formuliertes Anschreiben kann Ihnen dabei helfen, sich von den Mitbewerbern abzuheben und Ihrem Lebenslauf zusätzlichen Kontext zu geben. Im Folgenden finden Sie einige Tipps für die Gestaltung eines Anschreibens, das Ihren Lebenslauf ergänzt und Ihren einzigartigen Wert als UX-Designer hervorhebt:

1. Wenden Sie sich an den einstellenden Manager: Ermitteln Sie nach Möglichkeit den Namen der für die Einstellung zuständigen Person und richten Sie Ihr Anschreiben direkt an diese Person. Diese persönliche Ansprache kann dazu beitragen, dass Ihre Bewerbung echter und ansprechender wirkt.

2. Beginnen Sie mit einer starken Einleitung: Beginnen Sie Ihr Anschreiben mit einer überzeugenden Einleitung, die die Aufmerksamkeit des Lesers weckt und ihn zum Weiterlesen anregt. Erläutern Sie in diesem Abschnitt kurz, warum Sie sich für die Stelle interessieren und warum Sie aufgrund Ihrer Fähigkeiten und Erfahrungen gut zu ihr passen.

3. Erzählen Sie eine Geschichte: Erzählen Sie in Ihrem Anschreiben eine Geschichte über Ihren beruflichen Werdegang und was Sie dazu bewogen hat, UX-Designer zu werden. Heben Sie besondere Erfahrungen oder Projekte hervor, die Ihre Leidenschaft für UX-Design und Ihre Fähigkeit, in diesem Bereich einen bedeutenden Beitrag zu leisten, belegen.

4. Erklären Sie Ihren Wert: Legen Sie klar dar, wie Ihre Fähigkeiten, Erfahrungen und persönlichen Eigenschaften Sie zu einer wertvollen Bereicherung für das Unternehmen machen würden. Gehen Sie konkret darauf ein, wie Sie zu den Zielen des Unternehmens beitragen und ihm bei der Lösung seiner Gestaltungsaufgaben helfen können.

5. Konzentrieren Sie sich: Wie Ihr Lebenslauf sollte auch Ihr Anschreiben prägnant sein und sich auf die wichtigsten Informationen konzentrieren. Streben Sie ein einseitiges

Schreiben an, das leicht zu lesen ist und den Leser von Anfang bis Ende fesselt.

6. Schließen Sie mit einer Aufforderung zum Handeln: Bringen Sie in Ihrem Schlussabsatz Ihre Begeisterung für die Gelegenheit zum Ausdruck und fordern Sie den Personalverantwortlichen auf, sich mit Ihnen in Verbindung zu setzen, um die Stelle weiter zu besprechen. Geben Sie Ihre Kontaktdaten an und erwähnen Sie, dass Sie auf Anfrage gerne weitere Unterlagen, wie z. B. ein Portfolio oder Referenzen, zur Verfügung stellen.

7. Korrekturlesen und Überarbeiten: Bevor Sie Ihr Anschreiben abschicken, sollten Sie es sorgfältig auf Grammatik-, Rechtschreib- und Zeichensetzungsfehler überprüfen. Ziehen Sie in Erwägung, einen Freund oder Mentor zu bitten, Ihr Anschreiben zu überprüfen und Ihnen Feedback zu Inhalt und Tonfall zu geben.

8. Passen Sie Ihr Anschreiben an die Stelle an: Genau wie Ihr Lebenslauf muss auch Ihr Anschreiben für jede Bewerbung individuell gestaltet werden. Beziehen Sie sich auf die spezifische Stellenbeschreibung und verwenden Sie dieselbe Sprache und dieselben Schlüsselwörter, um zu zeigen, dass Sie sich informiert haben und die Anforderungen des Unternehmens verstehen.

9. Zeigen Sie Ihre Begeisterung für das Unternehmen: Zeigen Sie, dass Sie sich über das Unternehmen und seine Produkte oder Dienstleistungen informiert haben. Teilen Sie mit, was Sie an dem Unternehmen bewundern, und erklären Sie, wie Ihre Werte und Ziele mit denen des Unternehmens übereinstimmen. Dies kann Ihnen helfen, sich als Kandidat zu profilieren, der nicht nur eine Leidenschaft für UX-Design hat, sondern sich auch für die Mission und Vision des Unternehmens einsetzt.

10. Fügen Sie einen aussagekräftigen Schluss hinzu: Beenden Sie Ihr Anschreiben mit einer positiven und zuversichtlichen Note. Bekräftigen Sie Ihr Interesse an der Stelle und Ihre Überzeugung, dass Sie zum Erfolg des Unternehmens

beitragen können. Bedanken Sie sich für die Berücksichtigung Ihrer Bewerbung und drücken Sie Ihre Bereitschaft aus, über die Stelle zu sprechen.

Durch die Erstellung eines maßgeschneiderten Lebenslaufs und eines Anschreibens, die Ihre einzigartigen Fähigkeiten, Erfahrungen und Ihre Leidenschaft für UX-Design hervorheben, können Sie Ihre Chancen erhöhen, die Aufmerksamkeit der Personalverantwortlichen zu erregen und ein Vorstellungsgespräch zu erhalten.

ux-design-interview-formate

Die Vorbereitung auf ein Vorstellungsgespräch für UX-Designer kann eine spannende und nervenaufreibende Erfahrung sein. Um Ihnen bei der Vorbereitung zu helfen, werfen wir einen Blick auf die verschiedenen Interviewformate, denen Sie als UX-Designer begegnen können. Wenn Sie diese Formate verstehen, können Sie sich sicherer fühlen und sicherstellen, dass Sie auf jede Situation gut vorbereitet sind.

1. Telefon- oder Videointerviews: In der Anfangsphase des Einstellungsverfahrens führen die Unternehmen häufig Telefon- oder Videointerviews durch, um die Bewerber zu prüfen. In diesen Gesprächen geht es in der Regel um allgemeine Themen wie Ihren Hintergrund, Ihre Erfahrung und Ihr Interesse an dem Unternehmen. Bereiten Sie sich darauf vor, Ihren Lebenslauf, Ihren Entwurfsprozess und Ihre Motivation für die Bewerbung um die Stelle zu besprechen. Stellen Sie sicher, dass Sie einen ruhigen, bequemen Raum mit einer zuverlässigen Internetverbindung für Videointerviews haben.

2. Persönliche Vorstellungsgespräche: Persönliche Vorstellungsgespräche bieten den Personalverantwortlichen die Gelegenheit, Sie besser kennenzulernen und Ihre Fähigkeiten und Erfahrungen zu vertiefen. Diese Vorstellungsgespräche können förmlicher und strukturierter sein, aber auch einen zwangloseren und gesprächigeren Ton

haben. Rechnen Sie damit, dass Sie Fragen zu Ihrem Portfolio, zu bestimmten Projekten, an denen Sie gearbeitet haben, und zu Ihrem Problemlösungsansatz beantworten werden. Möglicherweise werden Sie auch nach Ihren Fähigkeiten zur Teamarbeit, Kommunikation und zum Zeitmanagement gefragt.

3. Technische Interviews: Technische Vorstellungsgespräche dienen dazu, Ihr Wissen über UX-Designprinzipien, Tools und Technologien zu bewerten. In diesen Gesprächen werden Sie möglicherweise aufgefordert, Probleme zu lösen, technische Fragen zu beantworten oder Aufgaben auszuführen, die Ihr Fachwissen unter Beweis stellen. Bereiten Sie sich darauf vor, über Themen wie Benutzerforschung, Informationsarchitektur, Interaktionsdesign und Usability-Tests zu sprechen. Möglicherweise werden Sie auch nach Ihrer Vertrautheit mit bestimmten Design-Tools gefragt, wie z. B. Sketch, Figma oder Adobe XD.

4. Whiteboard-Herausforderungen: Whiteboard-Herausforderungen sind ein gängiges Interviewformat im Bereich UX-Design. Bei diesen Übungen werden Sie gebeten, eine Designlösung für ein vorgegebenes Problem auf einem Whiteboard oder einem großen Blatt Papier zu skizzieren. Diese Aufgaben dienen dazu, Ihre Problemlösungsfähigkeiten, Ihre Kreativität und Ihre Fähigkeit, schnell zu denken, zu beurteilen. Üben Sie, Ideen schnell und zusammenhängend zu skizzieren, und bereiten Sie sich darauf vor, Ihren Gedankengang zu erläutern, während Sie die Aufgabe bearbeiten.

5. Entwurfsübungen zum Mitnehmen: Einige Unternehmen bitten Sie vielleicht, im Rahmen des Vorstellungsgesprächs eine Designaufgabe zu Hause zu lösen. Bei diesen Aufgaben geht es in der Regel darum, eine bestimmte Funktion zu entwerfen oder ein Problem im Zusammenhang mit dem Produkt oder der Dienstleistung des Unternehmens zu lösen. In der Regel haben Sie ein paar Tage Zeit, um die Aufgabe zu lösen und Ihre Lösung dann in einem Folgegespräch zu

präsentieren. Achten Sie darauf, die vorgegebenen Richtlinien zu befolgen, achten Sie auf Details und stellen Sie Ihren Entwurfsprozess in Ihrem Beitrag dar.

6. Überprüfung des Portfolios: Eine Überprüfung des Portfolios ist ein wesentlicher Bestandteil jedes Vorstellungsgesprächs für UX-Designer. Dabei werden Sie aufgefordert, Ihre Arbeit zu präsentieren und zu diskutieren, einschließlich spezifischer Projekte und Fallstudien. Bereiten Sie sich darauf vor, die Ziele, Herausforderungen und Lösungen für jedes Projekt sowie den Designprozess zu erläutern, dem Sie gefolgt sind. Sie sollten auch bereit sein, über Ihre Rolle im Team, die von Ihnen verwendeten Tools und die Ergebnisse des Projekts zu sprechen.

7. Verhaltensbasierte Vorstellungsgespräche: In verhaltensorientierten Vorstellungsgesprächen soll beurteilt werden, wie Sie in der Vergangenheit mit bestimmten Situationen umgegangen sind. Die Interviewer werden Ihnen Fragen zu Ihren Erfahrungen stellen und dazu, wie Sie verschiedene Herausforderungen gemeistert haben, z. B. die Zusammenarbeit mit schwierigen Teammitgliedern, die Einhaltung knapper Fristen oder die Lösung von Konflikten. Um sich auf diese Fragen vorzubereiten, sollten Sie über Ihre bisherigen Erfahrungen nachdenken und sich Beispiele einfallen lassen, die Ihre Problemlösungskompetenz, Anpassungsfähigkeit und Belastbarkeit belegen.

8. Gruppengespräche: In einigen Fällen werden Sie vielleicht zu einem Gruppengespräch mit anderen Bewerbern eingeladen. Dieses Format kann Arbeitgebern helfen, Ihre Fähigkeit zur Teamarbeit, zur effektiven Kommunikation und zum Umgang mit gruppendynamischen Prozessen zu beurteilen. Seien Sie darauf vorbereitet, mit anderen zusammenzuarbeiten, Ihre Ideen mitzuteilen und sich die Ansichten Ihrer Mitbewerber anzuhören.

Wenn Sie sich mit diesen Gesprächsformaten vertraut machen, sind Sie besser darauf vorbereitet, jedes UX-Design-Interview mit Zuversicht anzugehen. Hier sind ein paar zusätzliche Tipps, die Ihnen helfen, in jedem Format zu glänzen:

1. Üben Sie aktives Zuhören: Unabhängig vom Format des Vorstellungsgesprächs ist es wichtig, dass Sie den gestellten Fragen aufmerksam zuhören und überlegt antworten. Aktives Zuhören zeigt, dass Sie in der Lage sind, effektiv zu kommunizieren, und zeigt Ihr echtes Interesse an dem Gespräch.
2. Stellen Sie Nachforschungen an: Informieren Sie sich vor einem Vorstellungsgespräch über das Unternehmen, seine Produkte, Dienstleistungen und Zielgruppen. Mit diesem Wissen können Sie Ihre Antworten darauf abstimmen, wie Ihre Fähigkeiten und Erfahrungen mit den Bedürfnissen und Zielen des Unternehmens übereinstimmen.
3. Erzählen Sie Geschichten: Wenn Sie über Ihre Erfahrungen sprechen, versuchen Sie, sie als Geschichten zu erzählen, die Ihre Leistungen, Problemlösungsfähigkeiten und Ihr Wachstum hervorheben. Geschichten sind einprägsamer und fesselnder als die bloße Aufzählung von Fakten und können dazu beitragen, Sie von anderen Bewerbern zu unterscheiden.
4. Zeigen Sie Begeisterung: Zeigen Sie Ihre Leidenschaft für UX-Design und Ihre Begeisterung für die Möglichkeit, mit dem Unternehmen zu arbeiten. Arbeitgeber wollen Menschen einstellen, die wirklich an ihrer Arbeit interessiert sind und Energie und Engagement in die Rolle einbringen.
5. Stellen Sie aufschlussreiche Fragen: Bereiten Sie sich darauf vor, dem Gesprächspartner durchdachte Fragen zu stellen. Dies zeigt nicht nur, dass Sie Ihre Hausaufgaben gemacht haben, sondern gibt Ihnen auch wertvolle Einblicke in die Unternehmenskultur, die Teamdynamik und die Erwartungen an die Stelle.
6. Üben Sie sich in Selbstreflexion: Denken Sie vor dem Vorstellungsgespräch über Ihre Stärken, Schwächen und verbesserungswürdigen Bereiche nach. Seien Sie darauf vorbereitet, diese offen und ehrlich zu besprechen und zu

erläutern, wie Sie etwaige Lücken in Ihren Fähigkeiten oder Ihrer Erfahrung schließen wollen.

7. Seien Sie Sie selbst: Vergessen Sie nicht, während des Vorstellungsgesprächs authentisch zu sein und sich selbst treu zu bleiben. Die Arbeitgeber wollen Ihr wahres Ich kennenlernen, deshalb ist es wichtig, dass Sie Ihre Persönlichkeit zum Vorschein bringen.

Wenn Sie diese Tipps im Hinterkopf behalten und sich gut auf verschiedene Interviewformate vorbereiten, können Sie sich sicher auf dem UX-Design-Stellenmarkt bewegen und Ihre Traumstelle ergattern.

vorbereitung auf gängige ux-design-interview-fragen

Auf dem Weg zum UX-Designer ist das Vorstellungsgespräch einer der wichtigsten Aspekte bei der Stellensuche. Um Ihnen zu helfen, Ihre UX-Design-Interviews zu meistern, lassen Sie uns einige häufige Fragen untersuchen, auf die Sie stoßen könnten, und diskutieren, wie Sie durchdachte und beeindruckende Antworten vorbereiten können.

1. Was interessiert Sie an UX-Design?

Diese Frage hilft den Interviewern, Ihre Motivation und Leidenschaft für UX-Design zu verstehen. Um diese Frage zu beantworten, sollten Sie darüber nachdenken, wie sich UX-Design auf das Leben der Menschen auswirkt, welche spezifischen Aspekte des Bereichs Sie begeistern und welche persönlichen Erfahrungen Sie dazu bewogen haben, eine Karriere im UX-Design anzustreben.

1. Können Sie uns Ihren Designprozess erläutern?

Diese Frage wird im Vorstellungsgespräch häufig gestellt, um Ihre Herangehensweise an die Problemlösung zu beurteilen und Ihre Fähigkeit zu bewerten, Ihren Designprozess zu beschreiben. Um diese Frage zu beantworten, beschreiben Sie die verschiedenen Phasen, die Sie bei der Arbeit an einem Projekt durchlaufen, z. B. Forschung, Ideenfindung, Prototyping, Testen und Iteration. Erwähnen Sie dabei auch spezielle Tools oder Methoden, die Sie verwenden, und erklären Sie, warum diese hilfreich sind.

1. Wie gehen Sie bei der Nutzerforschung vor?

Diese Frage hilft den Interviewern, Ihre Methoden zur Sammlung und Analyse von Nutzerdaten zu verstehen. Beschreiben Sie die verschiedenen Forschungstechniken, die Sie einsetzen, wie z. B. Interviews, Umfragen und Usability-Tests, und erklären Sie, wie Sie diese Informationen nutzen, um Ihre Designentscheidungen zu treffen. Vergessen Sie nicht, die Bedeutung des Einfühlungsvermögens und des Verständnisses für die Bedürfnisse, Ziele und Probleme der Nutzer hervorzuheben.

1. Wie gehen Sie mit widersprüchlichem Feedback von Interessengruppen oder Nutzern um?

Der Umgang mit Feedback ist eine wichtige Fähigkeit für UX-Designer, da es wichtig ist, die Bedürfnisse der verschiedenen Interessengruppen auszugleichen und dabei den Fokus auf den Nutzer zu behalten. Betonen Sie in Ihrer Antwort die Bedeutung von offener Kommunikation, aktivem Zuhören und Zusammenarbeit. Erläutern Sie, wie Sie Feedback priorisieren, bei Bedarf um Klärung bitten und Ihre Entwürfe überarbeiten, um die beste Lösung für alle Beteiligten zu finden.

1. Können Sie ein schwieriges Projekt beschreiben, an dem Sie gearbeitet haben, und wie Sie diese Herausforderungen gemeistert haben?

Mit dieser Frage können Ihre Gesprächspartner etwas über Ihre Problemlösungskompetenz, Anpassungsfähigkeit und Belastbarkeit erfahren. Wählen Sie ein Projekt aus, bei dem Sie mit erheblichen Hindernissen konfrontiert waren, z. B. engen Fristen, widersprüchlichen

Anforderungen oder begrenzten Ressourcen. Erläutern Sie die spezifischen Herausforderungen, auf die Sie gestoßen sind, wie Sie sie bewältigt haben und was Sie aus dieser Erfahrung gelernt haben.

1. Wie halten Sie sich über Branchentrends und Best Practices im UX-Design auf dem Laufenden?

Als UX-Designer ist es wichtig, in diesem sich ständig weiterentwickelnden Bereich auf dem Laufenden zu bleiben. Teilen Sie mit, welche Ressourcen Sie nutzen, um auf dem Laufenden zu bleiben, z. B. Blogs, Podcasts, Konferenzen und Online-Kurse. Erwähnen Sie auch alle professionellen Organisationen oder Netzwerkgruppen, in denen Sie sich mit anderen UX-Experten austauschen und von deren Erfahrungen lernen.

1. Wie stellen Sie bei Ihren Entwürfen die Barrierefreiheit sicher?

Barrierefreiheit ist ein wichtiger Aspekt beim UX-Design, da sie sicherstellt, dass Ihre Produkte von einer Vielzahl von Menschen, einschließlich Menschen mit Behinderungen, genutzt werden können. Erläutern Sie Ihren Ansatz zur Einbeziehung von Zugänglichkeitsgrundsätzen in Ihre Entwürfe, wie z. B. die Verwendung geeigneter Farbkontraste, die Bereitstellung von Alternativtext für Bilder und die Einhaltung etablierter Richtlinien wie der Web Content Accessibility Guidelines (WCAG).

1. Wie arbeiten Sie mit anderen Teammitgliedern, wie Entwicklern, Produktmanagern und Grafikdesignern, zusammen?

UX-Design erfordert oft eine enge Zusammenarbeit mit einem multidisziplinären Team. Heben Sie Ihre Kommunikations- und Teamwork-Fähigkeiten hervor, indem Sie erklären, wie Sie klare Erwartungen aufstellen, Ihre Entwurfsüberlegungen mitteilen und während des gesamten Entwurfsprozesses Beiträge von anderen einholen. Betonen Sie

Ihre Fähigkeit, sich an unterschiedliche Arbeitsstile anzupassen, und Ihre Bereitschaft, von Ihren Kollegen zu lernen.

Denken Sie bei der Vorbereitung auf Ihre UX-Design-Interviews daran, dass Übung den Meister macht. Nehmen Sie sich die Zeit, Ihre Erfahrungen zu reflektieren, denken Sie über die Lektionen nach, die Sie gelernt haben, und überlegen Sie, wie Sie Ihre einzigartige Perspektive und Herangehensweise an das UX-Design am besten zum Ausdruck bringen können.

Abschließend sollten Sie nicht vergessen, dass Vorstellungsgespräche auf Gegenseitigkeit beruhen. Nutzen Sie die Gelegenheit, um nachdenkliche Fragen über das Unternehmen, das Team und die Stelle zu stellen, um sicherzustellen, dass die Stelle auch zu Ihnen passt. Wenn Sie echte Neugier und Interesse am Unternehmen zeigen, erhalten Sie nicht nur wertvolle Einblicke, sondern zeigen auch Ihre Begeisterung für die Stelle.

Nun, da Sie mit einem Verständnis der üblichen UX-Design-Interview-Fragen bewaffnet sind, lassen Sie uns ein paar zusätzliche Tipps erkunden, die Ihnen helfen, einen positiven Eindruck zu hinterlassen:

1. Zeigen Sie, dass Sie anpassungsfähig und wachstumsorientiert sind: UX-Design ist ein Bereich, der sich ständig weiterentwickelt, und die Interviewer werden nach Kandidaten suchen, die sich anpassen und mitwachsen können. Bereiten Sie sich darauf vor, darüber zu sprechen, wie Sie aus vergangenen Erfahrungen gelernt haben und wie Sie Ihre Fähigkeiten und Ihr Wissen kontinuierlich verbessern.

2. Nennen Sie konkrete Beispiele: Verwenden Sie bei der Beantwortung von Fragen im Vorstellungsgespräch konkrete Beispiele aus Ihrer Vergangenheit, um Ihre Argumente zu veranschaulichen. So können Sie ein klares Bild Ihrer Fähigkeiten und Fertigkeiten zeichnen, und die Gesprächspartner können sich leichter vorstellen, wie Sie zu ihrem Team beitragen würden.

3. Heben Sie Ihre Soft Skills hervor: Technisches Know-how ist im UX-Design zwar unerlässlich, aber Soft Skills wie Kommunikation, Zusammenarbeit und Problemlösung sind ebenso wichtig. Stellen Sie sicher, dass Sie diese Fähigkeiten in

Ihrem Vorstellungsgespräch betonen und Beispiele dafür geben, wie sie zu Ihrem Erfolg beigetragen haben.

4. Üben Sie das Erzählen von Geschichten: Interviewer erinnern sich oft eher an Geschichten als an Fakten oder Zahlen. Wenn Sie sich auf Ihr Vorstellungsgespräch vorbereiten, sollten Sie sich überlegen, wie Sie Ihre Erfahrungen, Projekte und Leistungen in spannende Geschichten verpacken können. Dadurch werden Ihre Antworten einprägsamer und Sie heben sich von anderen Bewerbern ab.

5. Bereiten Sie eine Liste mit durchdachten Fragen vor: Wie bereits erwähnt, sind Vorstellungsgespräche eine Gelegenheit für Sie, sich über das Unternehmen und die Stelle zu informieren. Bereiten Sie sich mit einer Liste von Fragen vor, die Ihr Interesse an dem Unternehmen und Ihre Recherchen belegen. Dies wird Ihnen nicht nur helfen, eine fundierte Entscheidung über das Stellenangebot zu treffen, sondern auch einen positiven Eindruck bei den Gesprächspartnern zu hinterlassen.

6. Vergessen Sie nicht, nachzuhaken: Senden Sie nach dem Vorstellungsgespräch eine Dankes-E-Mail, in der Sie sich für die Chance bedanken und Ihr Interesse an der Stelle bekräftigen. Diese kleine Geste kann einen positiven Eindruck hinterlassen und dafür sorgen, dass Sie beim Einstellungsteam im Gedächtnis bleiben.

Wenn Sie sich sorgfältig auf die üblichen Fragen in UX-Design-Interviews vorbereiten und diese zusätzlichen Tipps befolgen, sind Sie auf dem besten Weg, Ihren Traumjob im UX-Design zu bekommen.

tipps für erfolgreiche vorstellungsgespräche

Der Einstieg in die Welt des UX-Designs kann unglaublich lohnend sein, aber es ist auch ein hart umkämpftes Feld. Um den Traumjob zu ergattern, müssen Sie nicht nur mit Ihren technischen Fähigkeiten glänzen, sondern auch mit Ihrer Leistung im Vorstellungsgespräch. In diesem

Sinne möchten wir Ihnen einige Tipps und Strategien für erfolgreiche Vorstellungsgespräche im Bereich UX-Design vorstellen.

1. Machen Sie Ihre Hausaufgaben: Bevor Sie den Raum des Vorstellungsgesprächs betreten, sollten Sie sich die Zeit nehmen, das Unternehmen und die Stelle, für die Sie sich bewerben, gründlich zu recherchieren. Machen Sie sich mit dem Auftrag, den Werten und der Kultur des Unternehmens sowie mit den konkreten Projekten vertraut, an denen es arbeitet. So können Sie Ihre Antworten auf die Ziele des Unternehmens abstimmen und Ihr echtes Interesse an der Stelle zeigen.

2. Üben Sie aktives Zuhören: Es ist zwar normal, dass Sie sich während eines Vorstellungsgesprächs darauf konzentrieren, was Sie als Nächstes sagen werden, aber vergessen Sie nicht, Ihrem Gesprächspartner aktiv zuzuhören. Wenn Sie den Fragen und Kommentaren Ihres Gesprächspartners aufmerksam zuhören, können Sie durchdachte, sachdienliche Antworten geben, die auf seine spezifischen Anliegen eingehen.

3. Kleiden Sie sich angemessen: Der erste Eindruck zählt, und eine professionelle Kleidung für Ihr Vorstellungsgespräch zeigt, dass Sie es mit der Stelle ernst meinen. Entscheiden Sie sich für legere Business-Kleidung, die ordentlich, sauber und gut sitzend ist. Denken Sie daran, dass es immer besser ist, etwas übertrieben gekleidet zu sein als zu wenig.

4. Seien Sie pünktlich: Wenn Sie zu spät zu einem Vorstellungsgespräch kommen, kann das Ihre Chancen schmälern. Planen Sie Ihre Route im Voraus und versuchen Sie, mindestens 15 Minuten früher zu erscheinen, damit Sie Zeit haben, unvorhergesehene Verzögerungen einzukalkulieren. So haben Sie auch die Möglichkeit, Ihre Gedanken zu sammeln und die Nervosität vor dem Vorstellungsgespräch zu beruhigen.

5. Zeigen Sie Ihren Prozess: Als UX-Designer sind Ihr Denkprozess und Ihre Herangehensweise an die

Problemlösung genauso wichtig wie das Endprodukt. Bereiten Sie sich darauf vor, in Ihrem Vorstellungsgespräch Ihren Designprozess im Detail zu erläutern, einschließlich der Art und Weise, wie Sie Nutzerfeedback einholen, Designs iterieren und mit anderen Teammitgliedern zusammenarbeiten.

6. Bringen Sie eine aufpolierte Mappe mit: Ihre Mappe ist eine visuelle Darstellung Ihrer Fähigkeiten und Erfahrungen, also stellen Sie sicher, dass sie aktuell und gut organisiert ist. Bereiten Sie sich darauf vor, Ihren Gesprächspartner durch Ihr Portfolio zu führen und die Ziele, Herausforderungen und Ergebnisse der einzelnen Projekte zu erläutern. Konzentrieren Sie sich auf die Projekte, die Ihre Fähigkeiten am besten zur Geltung bringen und mit den Zielen des Unternehmens übereinstimmen.

7. Zeigen Sie Ihre Leidenschaft für UX-Design: Enthusiasmus kann ansteckend sein, und wenn Sie echte Leidenschaft für Ihre Arbeit zeigen, können Sie sich von anderen Bewerbern abheben. Erzählen Sie von Ihren Beweggründen, eine Karriere im UX-Design anzustreben, sowie von persönlichen Projekten oder Branchenveranstaltungen, an denen Sie beteiligt waren.

8. Legen Sie Wert auf Zusammenarbeit und Teamwork: UX-Design ist ein sehr kollaborativer Bereich, und die Interviewer werden nach Bewerbern suchen, die gut mit anderen zusammenarbeiten können. Achten Sie darauf, Ihre Erfahrung in der Teamarbeit hervorzuheben und konkrete Beispiele zu nennen, wie Sie effektiv zusammengearbeitet haben, um Projektziele zu erreichen.

9. Bereiten Sie sich auf verhaltensbezogene Fragen vor: Neben technischen Fragen werden Sie wahrscheinlich auch verhaltensbezogene Fragen stellen, um Ihre Soft Skills zu beurteilen und herauszufinden, wie Sie in die Unternehmenskultur passen würden. Üben Sie Ihre Antworten auf gängige verhaltensbezogene Fragen und strukturieren Sie Ihre Antworten nach der STAR-Methode (Situation, Aufgabe, Aktion, Ergebnis).

10. Bleiben Sie ruhig und gelassen: Auch wenn Sie nervös sind, sollten Sie versuchen, während des Vorstellungsgesprächs eine selbstbewusste und professionelle Ausstrahlung zu zeigen. Atmen Sie tief durch, halten Sie guten Augenkontakt und sprechen Sie klar und ruhig. Denken Sie daran, dass das Vorstellungsgespräch sowohl für Sie als auch für den Arbeitgeber eine Gelegenheit ist, herauszufinden, ob die Stelle zu Ihnen passt, also versuchen Sie, es als Gespräch und nicht als Verhör zu betrachten.

Vergessen Sie am Ende des Gesprächs nicht, sich für die Gelegenheit zu bedanken und Ihr Interesse an der Stelle zu bekräftigen. Achten Sie darauf, dass Sie eine Dankes-E-Mail nachreichen, die als sanfte Erinnerung an Ihre Bewerbung dient und Ihre Professionalität unterstreicht.

1. Stellen Sie aufschlussreiche Fragen: Im Vorstellungsgespräch geht es nicht nur darum, dass der Arbeitgeber Sie beurteilt - es ist auch Ihre Chance festzustellen, ob das Unternehmen und die Stelle zu Ihnen passen. Bereiten Sie eine Liste mit durchdachten Fragen vor, die Sie während des Vorstellungsgesprächs stellen können. Diese Fragen sollten Ihre Recherchen über das Unternehmen und die Stelle widerspiegeln und Ihre Neugier auf das Team, die Unternehmenskultur und die Projekte, an denen Sie arbeiten werden, zum Ausdruck bringen.

2. Zeigen Sie Anpassungsfähigkeit: UX-Design ist ein Bereich, der sich ständig weiterentwickelt. Daher ist es wichtig, dass Sie Ihre Bereitschaft zeigen, zu lernen und sich an neue Techniken, Tools und Methoden anzupassen. Geben Sie Beispiele dafür, wie Sie sich in früheren Rollen oder Projekten an Veränderungen angepasst haben, und bringen Sie Ihren Wunsch zum Ausdruck, weiter zu lernen und als UX-Designer zu wachsen.

3. Seien Sie Sie selbst: Auch wenn es wichtig ist, bei einem Vorstellungsgespräch professionell aufzutreten, sollten Sie sich nicht scheuen, Ihre Persönlichkeit zum Vorschein kommen zu

lassen. Arbeitgeber wollen jemanden einstellen, der kulturell gut in ihr Team passt. Wenn Sie also authentisch und echt sind, können Sie sich von den Mitbewerbern abheben.

4. Gehen Sie auf eventuelle Lücken oder Schwächen ein: Wenn Sie Lücken in Ihrem Lebenslauf oder Bereiche haben, in denen es Ihnen an Erfahrung mangelt, sollten Sie darauf vorbereitet sein, diese während des Vorstellungsgesprächs anzusprechen. Versuchen Sie nicht, diese Probleme zu verbergen oder herunterzuspielen, sondern zeigen Sie, dass Sie sich ihrer bewusst sind und sie proaktiv angehen, z. B. indem Sie Kurse besuchen oder sich in Nebenprojekten engagieren, um die erforderlichen Fähigkeiten zu erwerben.

5. Reflektieren Sie Ihre Erfahrungen: Nehmen Sie sich nach jedem Vorstellungsgespräch die Zeit, über Ihre Leistung nachzudenken und Bereiche zu ermitteln, in denen Sie sich verbessern können. Diese Selbsteinschätzung wird Ihnen helfen, Ihre Gesprächstechnik zu verfeinern und Ihre Erfolgschancen bei künftigen Gesprächen zu erhöhen.

Im wettbewerbsintensiven Bereich des UX-Designs ist es entscheidend, selbstbewusst und professionell an Vorstellungsgespräche heranzugehen. Wenn Sie diese Tipps und Strategien befolgen, sind Sie auf dem besten Weg, Ihre Traumstelle als UX-Designer zu bekommen.

kapitel 6: navigieren sie durch ihre ux-design-karriere

arten von ux-design-rollen

WILLKOMMEN ZU EINEM weiteren spannenden Abschnitt unserer Reise durch die Welt des UX-Designs! In diesem Abschnitt werden wir die vielfältige Landschaft der UX-Design-Rollen erkunden, die sich in Bezug auf Verantwortlichkeiten, Fähigkeiten und Fachgebiete stark unterscheiden können. Wenn Sie die Nuancen dieser Rollen verstehen, sind Sie besser gerüstet, um Ihre Stärken und Interessen herauszufinden und letztendlich die perfekte Stelle für Ihre Karriere zu finden.

1. UX-Designer: Die häufigste und allgemeinste Rolle im Bereich des UX-Designs ist die des UX-Designers. In dieser Position geht es darum, die Bedürfnisse der Benutzer zu verstehen, Benutzeroberflächen zu entwerfen, Wireframes und Prototypen zu erstellen und mit anderen Teammitgliedern zusammenzuarbeiten, um nahtlose Benutzererlebnisse zu schaffen. UX-Designer sollten über ausgeprägte Problemlösungsfähigkeiten, ein tiefes Verständnis für nutzerzentrierte Designprinzipien und Kenntnisse in verschiedenen Designtools und Software verfügen.

2. UX-Forscher: UX-Forscher konzentrieren sich auf das Verständnis des Nutzerverhaltens, der Präferenzen und

Motivationen durch verschiedene Forschungsmethoden. Diese Fachleute analysieren Daten, führen Nutzerinterviews durch, führen Usability-Tests durch und erstellen User Personas, um den Designprozess zu unterstützen. Um in dieser Rolle zu glänzen, sollte ein UX Researcher über starke analytische Fähigkeiten, ausgezeichnete Kommunikationsfähigkeiten und eine Leidenschaft für das Verständnis des menschlichen Verhaltens verfügen.

3. Informationsarchitekt (IA): Informationsarchitekten sind für die Organisation und Strukturierung der Inhalte und Informationen innerhalb digitaler Produkte verantwortlich und sorgen dafür, dass die Benutzer leicht navigieren und finden können, was sie suchen. IAs arbeiten eng mit UX-Designern und Content-Strategen zusammen und erstellen Sitemaps, Taxonomien und Wireframes, um den Designprozess zu unterstützen. Ausgeprägte organisatorische Fähigkeiten, Liebe zum Detail und Wissen über nutzerzentrierte Designprinzipien sind für diese Rolle entscheidend.

4. Interaktionsdesigner: Interaktionsdesigner sind auf die Gestaltung des Verhaltens und der Interaktionen zwischen Benutzern und digitalen Produkten spezialisiert. Sie konzentrieren sich auf die Gestaltung intuitiver, ansprechender und effizienter Schnittstellen, indem sie den Fluss, die Animationen und die Mikrointeraktionen innerhalb eines Produkts entwerfen. Um in dieser Rolle erfolgreich zu sein, sollte ein Interaktionsdesigner ein ausgeprägtes Verständnis der UX-Designprinzipien, ausgezeichnete visuelle Designfähigkeiten und Kenntnisse im Umgang mit Tools für Prototyping und Animation haben.

5. Visuelle / UI-Designer: Visuelle / UI-Designer sind für die ästhetischen Aspekte eines digitalen Produkts verantwortlich und stellen sicher, dass die Benutzeroberfläche visuell ansprechend und konsistent ist und mit der allgemeinen Markenidentität übereinstimmt. Diese Designer arbeiten eng mit UX-Designern und Interaktionsdesignern zusammen und

konzentrieren sich auf Typografie, Farbschemata, Icons und andere visuelle Elemente. Ein gutes Auge für Details, ausgeprägte Fähigkeiten im visuellen Design und die Beherrschung von Design-Software sind für diese Rolle unerlässlich.

6. UX-Schreiber: UX Writer erstellen die Texte und Inhalte, die die Nutzer in digitalen Produkten vorfinden. Sie konzentrieren sich auf die Erstellung klarer, prägnanter und ansprechender Texte, die die Benutzer durch ihre Interaktionen führen und das gesamte Benutzererlebnis unterstützen. UX-Writer arbeiten mit UX-Designern, Content-Strategen und anderen Teammitgliedern zusammen, um sicherzustellen, dass die Inhalte mit den Zielen des Produkts übereinstimmen. Hervorragende Schreib-, Redaktions- und Kommunikationsfähigkeiten sind für diese Rolle unerlässlich.

7. Inhaltsstratege: Content Strategists sind für die Planung, Erstellung und Verwaltung der Inhalte digitaler Produkte verantwortlich. Sie arbeiten mit UX-Designern, Informationsarchitekten und anderen Teammitgliedern zusammen, um sicherzustellen, dass die Inhalte die Bedürfnisse der Benutzer erfüllen, die Geschäftsziele unterstützen und die Konsistenz des gesamten Produkts gewährleisten. Starke Organisations- und Kommunikationsfähigkeiten, ein tiefes Verständnis für die Erstellung von Inhalten und die Fähigkeit zur Zusammenarbeit sind wichtige Eigenschaften für einen Content Strategist.

8. UX-Stratege: UX-Strategen konzentrieren sich auf das große Ganze und helfen dabei, die allgemeine Richtung und die Ziele eines digitalen Produkts oder Dienstes zu definieren. Sie arbeiten eng mit Stakeholdern, Business-Analysten und UX-Teams zusammen, um sicherzustellen, dass die Benutzererfahrung mit den Geschäftszielen und den Benutzeranforderungen übereinstimmt. Ein Hintergrund in Geschäftsstrategie, ausgezeichnete Kommunikationsfähigkeiten und die Fähigkeit, Benutzer- und

Geschäftsanforderungen in Einklang zu bringen, sind für den Erfolg in dieser Funktion unerlässlich.

9. UX/UI-Entwickler: UX/UI-Entwickler schließen die Lücke zwischen Design und Entwicklung und setzen Designkonzepte in funktionale und interaktive digitale Produkte um. Sie arbeiten mit UX-Designern, UI-Designern und Entwicklern zusammen und verwenden Programmiersprachen wie HTML, CSS und JavaScript, um Designs zum Leben zu erwecken. Kenntnisse in der Front-End-Entwicklung, ein Verständnis für UX-Design-Prinzipien und ausgeprägte Problemlösungsfähigkeiten sind für diese Rolle unerlässlich.

10. UX-Manager/Teamleiter: UX-Manager und Teamleiter beaufsichtigen und koordinieren die Arbeit der UX-Teams und stellen sicher, dass die Projekte fristgerecht abgeschlossen werden und den Qualitätsstandards entsprechen. Sie sind dafür verantwortlich, ihre Teammitglieder anzuleiten, zu betreuen und zu führen sowie mit den Stakeholdern und anderen Abteilungen innerhalb des Unternehmens zu kommunizieren. Starke Führungs-, Projektmanagement- und Kommunikationsfähigkeiten sind entscheidend für den Erfolg in dieser Rolle.

11. UX-Berater: UX-Berater arbeiten unabhängig oder als Teil eines Beratungsunternehmens und bieten Kunden fachkundige Beratung und Anleitung zu UX-Designprojekten. Sie können hinzugezogen werden, um bestehende Produkte zu bewerten, Empfehlungen für Verbesserungen zu geben oder bei der Planung und Durchführung neuer Projekte zu helfen. Ein solider Hintergrund im UX-Design, starke Kommunikationsfähigkeiten und die Fähigkeit, sich an unterschiedliche Kunden und Branchen anzupassen, sind wichtige Eigenschaften für einen UX-Berater.

Wie Sie sehen können, gibt es eine Vielzahl von Rollen im UX-Design-Bereich, jede mit ihren eigenen einzigartigen Aufgaben und Fähigkeiten. Wenn Sie sich auf den Weg machen, ein UX-Profi zu werden, nehmen Sie sich die Zeit, diese verschiedenen Rollen zu erkunden und zu überlegen, welche am besten zu Ihren Stärken, Interessen und Karrierezielen passt.

suche nach der richtigen unternehmenskultur und dem richtigen arbeitsumfeld

Wenn Sie in die Welt des UX-Designs eintauchen, werden Sie bald feststellen, dass keine zwei Unternehmen oder Arbeitsumgebungen genau gleich sind. Genauso wie Sie Zeit damit verbracht haben, sorgfältig zu überlegen, welche UX-Design-Rolle am besten zu Ihren Fähigkeiten und Interessen passt, müssen Sie sich auch Gedanken darüber machen, wie Sie die richtige Unternehmenskultur und Arbeitsumgebung finden, die mit Ihren Werten und Zielen übereinstimmt. In diesem Abschnitt gehen wir auf einige Schlüsselfaktoren ein, die Sie bei Ihrer Suche nach der perfekten Stelle berücksichtigen sollten.

1. Größe des Unternehmens: Unternehmen gibt es in allen Formen und Größen, von kleinen Start-ups bis hin zu großen, etablierten Konzernen. Jede Größe bietet einzigartige Vorteile und Herausforderungen. Kleinere Unternehmen bieten möglicherweise mehr Möglichkeiten für praktische Erfahrungen, ein größeres Gefühl der Kameradschaft und die Chance, die Richtung des Unternehmens maßgeblich zu beeinflussen. Auf der anderen Seite können größere Unternehmen mehr Ressourcen, ein breiteres Spektrum an Projekten und Kunden sowie Aufstiegsmöglichkeiten bieten. Denken Sie über Ihre Präferenzen nach und überlegen Sie, welche Größe am besten zu Ihrer Persönlichkeit und Ihren Karrierezielen passt.
2. Industrie: UX-Designer können in einer Vielzahl von Branchen tätig sein, von der Technologiebranche über das Gesundheitswesen bis hin zum Finanzwesen und zur Unterhaltung. Überlegen Sie bei Ihrer Recherche nach potenziellen Arbeitgebern, welche Branchen Sie am meisten reizen und in denen Sie Ihrer Meinung nach den größten Einfluss ausüben können. Überlegen Sie, wie sich die Branche

auf die Art der Projekte, an denen Sie arbeiten werden, sowie auf das allgemeine Tempo und die Arbeitsumgebung auswirken könnte.

3. Auftrag und Werte: Es ist wichtig, ein Unternehmen zu finden, dessen Auftrag und Werte mit Ihnen übereinstimmen. Suchen Sie nach Unternehmen, die Ihre Leidenschaft für nutzerzentriertes Design teilen und sich stark für die Schaffung außergewöhnlicher Erlebnisse für ihre Nutzer einsetzen. Achten Sie auf die erklärten Werte des Unternehmens und darauf, inwieweit diese mit Ihren eigenen übereinstimmen, da dies einen großen Einfluss auf Ihre Arbeitszufriedenheit und das allgemeine Glück am Arbeitsplatz haben kann.

4. Gleichgewicht zwischen Arbeit und Leben: Das Arbeitsumfeld und die Erwartungen können von Unternehmen zu Unternehmen sehr unterschiedlich sein. Einige Unternehmen legen Wert auf lange Arbeitszeiten und eine hektische Atmosphäre mit hohem Druck, während andere auf eine gesunde Work-Life-Balance und flexible Arbeitszeiten Wert legen. Denken Sie über Ihre Präferenzen nach und finden Sie heraus, welche Art von Arbeitsumfeld Ihr Wohlbefinden am besten fördert und Ihnen die Möglichkeit gibt, sich zu entfalten.

5. Möglichkeiten für Wachstum und Entwicklung: Als UX-Experte ist es wichtig, sich über Branchentrends auf dem Laufenden zu halten und seine Fähigkeiten kontinuierlich zu erweitern. Suchen Sie nach Unternehmen, die Wert auf berufliche Entwicklung legen und Möglichkeiten für Schulungen, Mentoring und Karriereförderung bieten. Dies wird Ihnen nicht nur helfen, in der Branche relevant zu bleiben, sondern auch ein Gefühl der persönlichen Erfüllung und Leistung zu fördern.

6. Zusammenarbeit und Teamdynamik: UX-Design ist ein sehr kollaborativer Bereich, in dem Designer eng mit Kollegen aus verschiedenen Abteilungen zusammenarbeiten müssen. Achten

Sie bei Ihrer Recherche nach potenziellen Arbeitgebern auf deren Einstellung zur Zusammenarbeit und Teamdynamik. Fördern sie ein unterstützendes, integratives Umfeld, das eine offene Kommunikation und den Austausch von Ideen begünstigt? Oder ist die Atmosphäre eher wettbewerbsorientiert und individualistisch? Überlegen Sie, welcher Ansatz am besten zu Ihrem eigenen Arbeitsstil und Ihren Vorlieben passt.

7. Fernarbeit oder Büroarbeit: Die zunehmende Bedeutung der Fernarbeit hat vielen Fachleuten, darunter auch UX-Designern, mehr Flexibilität verschafft. Einige Unternehmen bieten vollständige Remote-Positionen an, während Sie bei anderen in einem Büro arbeiten müssen oder ein Mischmodell anbieten. Überlegen Sie, welche Arbeitsform Sie bevorzugen und wie sich diese auf Ihre Produktivität, Ihre Arbeitszufriedenheit und Ihr allgemeines Wohlbefinden auswirken könnte.

8. Sozialleistungen und Vergütung: Auch wenn das Gehalt sicherlich ein wichtiger Faktor ist, sollten Sie nicht vergessen, das Gesamtpaket der von potenziellen Arbeitgebern angebotenen Leistungen zu bewerten. Dazu können Krankenversicherung, Altersvorsorge, bezahlte Freizeit und andere Vergünstigungen wie Wellness-Programme oder berufliche Entwicklungsmöglichkeiten gehören. Wägen Sie den Wert dieser Leistungen gegen Ihre persönlichen Bedürfnisse und Prioritäten ab, um das für Sie am besten geeignete Angebot zu finden.

9. Networking und Engagement in der Gemeinschaft: Ein Unternehmen, das seine Mitarbeiter ermutigt und unterstützt, an Branchenveranstaltungen, Konferenzen und Treffen teilzunehmen, kann wertvolle Gelegenheiten zur Vernetzung und beruflichen Weiterentwicklung bieten. Halten Sie Ausschau nach Arbeitgebern, die nicht nur solche Veranstaltungen sponsern, sondern ihre Mitarbeiter auch dazu ermutigen, ihr Fachwissen in Form von Vorträgen, Mentoring oder ehrenamtlicher Arbeit einzubringen. Dies stärkt nicht nur

Ihr berufliches Profil, sondern zeigt auch das Engagement des Unternehmens für die UX-Community.

10. Ruf des Unternehmens: Bei der Bewertung potenzieller Arbeitgeber ist es wichtig, ihren Ruf innerhalb der Branche und bei ihren Kunden zu berücksichtigen. Recherchieren Sie die Erfolgsbilanz des Unternehmens in Bezug auf qualitativ hochwertige Arbeit, sein Engagement für Innovation und seinen Gesamteinfluss auf den Bereich UX-Design. Sie können diese Informationen aus Kundenberichten, Branchenauszeichnungen oder aus Gesprächen mit aktuellen und ehemaligen Mitarbeitern gewinnen.

11. Mitarbeiterbindung und -zufriedenheit: Eine hohe Mitarbeiterbindungsrate kann ein Indikator für ein positives Arbeitsumfeld und eine positive Unternehmenskultur sein. Halten Sie Ausschau nach Unternehmen mit einer niedrigen Fluktuationsrate, da dies ein Hinweis darauf sein kann, dass die Mitarbeiter zufrieden sind, gut unterstützt werden und gerne dort arbeiten. Informationen über die Mitarbeiterzufriedenheit finden Sie häufig auf Websites mit Unternehmensbewertungen oder durch den Kontakt mit aktuellen und ehemaligen Mitarbeitern auf professionellen Netzwerkplattformen.

12. Mentoring-Möglichkeiten: Als UX-Designer kann der Zugang zu erfahrenen Mentoren für Ihr berufliches Wachstum von unschätzbarem Wert sein. Suchen Sie nach Unternehmen, die starke Mentorenprogramme haben oder die Zusammenarbeit zwischen Junior- und Senior-Teammitgliedern fördern. Diese Möglichkeiten werden Ihnen nicht nur helfen, Ihre Fähigkeiten zu verbessern, sondern auch starke berufliche Beziehungen aufzubauen, die Ihrer Karriere langfristig zugute kommen können.

Um die richtige Unternehmenskultur und Arbeitsumgebung zu finden, müssen verschiedene Faktoren wie Unternehmensgröße, Branche, Mission und Werte, Work-Life-Balance, Wachstumschancen, Teamdynamik und vieles mehr sorgfältig bewertet werden. Wenn Sie sich die

Zeit nehmen, zu recherchieren und über Ihre Präferenzen nachzudenken, sind Sie besser gerüstet, um den idealen Arbeitsplatz zu finden, der Ihr berufliches und persönliches Wachstum als UX-Designer unterstützt.

ihre karriere durch berufliche entwicklung voranbringen

In diesem Abschnitt werden wir die Bedeutung der beruflichen Entwicklung erörtern und wie sie Ihnen helfen kann, Ihre Karriere als UX-Designer voranzutreiben. Wir werden verschiedene Möglichkeiten des Lernens und der Weiterentwicklung untersuchen, von der Teilnahme an Workshops und Konferenzen bis hin zur Erlangung von Zertifizierungen und der Verfeinerung Ihrer Fähigkeiten durch persönliche Projekte. Lassen Sie uns eintauchen!

1. Kontinuierliche Weiterbildung: Als UX-Designer ist es wichtig, sich über Branchentrends, bewährte Verfahren und neue Technologien auf dem Laufenden zu halten. Eine Möglichkeit, um sicherzustellen, dass Sie auf dem neuesten Stand bleiben, ist die Teilnahme an Weiterbildungsangeboten. Dazu können Workshops, Seminare, Online-Kurse und sogar Studiengänge gehören. Wenn Sie sich die Zeit nehmen, sich weiterzubilden, können Sie nicht nur Ihre vorhandenen Fähigkeiten verbessern, sondern auch neue erwerben, die Sie auf dem Arbeitsmarkt noch wertvoller machen.

2. Netzwerkarbeit: Networking ist ein wesentlicher Aspekt der beruflichen Entwicklung. Die Teilnahme an Branchenveranstaltungen, Konferenzen und lokalen Treffen ermöglicht es Ihnen, mit anderen Fachleuten in Kontakt zu treten, Ideen auszutauschen und von deren Erfahrungen zu lernen. Der Aufbau eines starken beruflichen Netzwerks kann zu neuen Beschäftigungsmöglichkeiten, Kooperationen und dem Zugang zu wertvollen Ressourcen und Informationen führen.

3. Zertifizierungen: Der Erwerb von branchenweit anerkannten Zertifizierungen kann Ihnen helfen, sich von der Konkurrenz

abzuheben und Ihr Engagement für berufliches Wachstum zu demonstrieren. Es gibt mehrere UX-Design-Zertifizierungen, z. B. die Kurse der Interaction Design Foundation (IDF), den Certified User Experience Analyst (CXA) des UX Certification Board und die Nielsen Norman Group (NNG) UX Certification. Der Erwerb dieser Zertifikate kann Ihre Glaubwürdigkeit erhöhen und Ihnen Türen zu neuen Arbeitsmöglichkeiten öffnen.

4. Beitritt zu Berufsverbänden: Die Mitgliedschaft in Berufsverbänden wie der User Experience Professionals Association (UXPA) oder der Interaction Design Association (IxDA) kann zahlreiche Vorteile für Ihre berufliche Entwicklung bieten. Diese Organisationen bieten Zugang zu exklusiven Ressourcen, Networking-Veranstaltungen und Lernmöglichkeiten. Sie bieten auch die Möglichkeit, an Projekten mitzuarbeiten, an Mentorenprogrammen teilzunehmen und in lokalen Sektionen mitzuwirken.

5. Reden und Präsentieren: Wenn Sie Ihr Fachwissen durch Vorträge auf Konferenzen, Webinaren oder lokalen Treffen weitergeben, können Sie sich als Vordenker in der UX-Design-Community etablieren. Dies schärft nicht nur Ihr berufliches Profil, sondern bietet auch die Möglichkeit, der Gemeinschaft etwas zurückzugeben, zum kollektiven Wissen der Branche beizutragen und Ihre Kommunikationsfähigkeiten zu verbessern.

6. Schreiben und Veröffentlichen: Eine weitere Möglichkeit, Ihre Karriere voranzutreiben, ist das Schreiben und Veröffentlichen von Artikeln, Blogbeiträgen oder sogar Büchern zu UX-Design-Themen. Wenn Sie Ihre Erkenntnisse und Erfahrungen weitergeben, können Sie nicht nur anderen helfen, etwas zu lernen, sondern auch Ihr Verständnis der Materie festigen. Außerdem können Sie mit einem Portfolio veröffentlichter Arbeiten Ihr Fachwissen unter Beweis stellen und die Aufmerksamkeit potenzieller Arbeitgeber auf sich ziehen.

7. Mentorschaft: Die Tätigkeit als Mentor oder die Suche nach einem Mentor kann für Ihre berufliche Entwicklung von

großem Nutzen sein. Als Mentor können Sie andere anleiten und inspirieren, während Sie Ihre eigenen Erfahrungen reflektieren und eine neue Perspektive auf Ihre Arbeit gewinnen. Als Mentee können Sie von erfahrenen Fachleuten lernen, Einblicke in deren Denkprozesse gewinnen und von deren Anleitung und Fachwissen profitieren.

8. Persönliche Projekte: Die Arbeit an persönlichen Projekten ist eine hervorragende Möglichkeit, Ihre UX-Design-Fähigkeiten zu entwickeln und zu verfeinern. Diese Projekte können von der Neugestaltung eines bestehenden Produkts oder einer Website bis hin zur Erstellung einer neuen App oder eines neuen Dienstes von Grund auf reichen. Persönliche Projekte bieten nicht nur die Möglichkeit, zu üben und mit neuen Techniken zu experimentieren, sondern sie können auch in Ihr Portfolio aufgenommen werden, um Ihre Fähigkeiten zu präsentieren.

9. Auf dem Laufenden bleiben: Das regelmäßige Lesen von Branchennachrichten, das Verfolgen von UX-Design-Blogs und die Teilnahme an Online-Foren können Ihnen helfen, über die neuesten Trends, Tools und bewährten Verfahren informiert zu bleiben. Wenn Sie auf dem Laufenden bleiben, sind Sie besser darauf vorbereitet, sich an Veränderungen in der Branche anzupassen und sich beruflich weiterzuentwickeln.

10. Entwicklung von Soft Skills: Während technische Fähigkeiten für einen UX-Designer unerlässlich sind, kann die Entwicklung von Soft Skills wie Kommunikation, Zusammenarbeit und Einfühlungsvermögen erheblich zu Ihrem beruflichen Fortkommen beitragen. Ziehen Sie die Teilnahme an Workshops oder Kursen in Betracht, die sich auf die Verbesserung dieser Fähigkeiten konzentrieren, da sie Sie nicht nur zu einem effektiveren Designer, sondern auch zu einem besseren Teamplayer und einer Führungspersönlichkeit machen.

11. Akzeptieren Sie Feedback: Die aktive Suche nach Feedback von Kollegen, Mentoren und sogar Kunden kann Ihnen helfen, Verbesserungs- und Wachstumsmöglichkeiten zu erkennen.

Seien Sie offen für konstruktive Kritik und nutzen Sie sie als Chance, um zu lernen und Ihre UX-Design-Fähigkeiten zu verbessern. Indem Sie Feedback annehmen, zeigen Sie Ihr Engagement für kontinuierliche Verbesserung und berufliche Entwicklung.

12. Lehre und Ausbildung: Wenn Sie Ihr Wissen mit anderen teilen, indem Sie Workshops geben, Schulungen leiten oder sogar Online-Kurse erstellen, können Sie Ihr Verständnis von UX-Designkonzepten festigen und sich gleichzeitig als Experte auf Ihrem Gebiet positionieren. Andere zu unterrichten trägt nicht nur zum Wachstum der UX-Community bei, sondern hilft Ihnen auch, Ihre eigenen Fähigkeiten und Ihr Verständnis zu verfeinern.

13. Zeitmanagement: Ein effektives Zeitmanagement ist für jeden Berufstätigen entscheidend, auch für UX-Designer. Wenn Sie lernen, Aufgaben zu priorisieren, realistische Ziele zu setzen und Ihr Arbeitspensum zu bewältigen, kann sich dies erheblich auf Ihre Produktivität und Ihre Fähigkeit, sich beruflich weiterzuentwickeln, auswirken. Erwägen Sie die Anwendung von Produktivitätstechniken wie der Pomodoro-Technik oder Zeitblockierung, um konzentriert und organisiert zu bleiben.

14. Ziele setzen und den Fortschritt verfolgen: Die Festlegung klarer Karriereziele und die Verfolgung Ihrer Fortschritte sind für die berufliche Entwicklung unerlässlich. Nehmen Sie sich die Zeit, über Ihre Leistungen nachzudenken, Verbesserungsmöglichkeiten zu ermitteln und sich sowohl kurz- als auch langfristige Ziele zu setzen. Wenn Sie Ihre Ziele regelmäßig überprüfen und aktualisieren, bleiben Sie motiviert und stellen sicher, dass Sie auf dem richtigen Weg sind, um beruflich voranzukommen.

15. Work-Life-Balance: Schließlich sollten Sie daran denken, dass ein gesundes Gleichgewicht zwischen Arbeit und Privatleben für eine nachhaltige berufliche Entwicklung entscheidend ist. Es ist zwar wichtig, sich beruflich weiterzuentwickeln, aber ebenso wichtig ist es, der Selbstfürsorge und dem persönlichen

Wohlbefinden Priorität einzuräumen. Pausen, Hobbys und Zeit mit den Liebsten können helfen, Burnout vorzubeugen und Ihnen die nötige Energie zu geben, um Ihre Karriere als UX-Designer weiter voranzutreiben.

Wenn Sie diese Strategien in Ihren beruflichen Werdegang einbeziehen, sind Sie auf dem besten Weg, Ihre Karriere im UX-Design voranzutreiben.

fachkenntnisse erweitern und auf dem laufenden bleiben

Willkommen zurück, mein Freund! In diesem Abschnitt erfahren Sie, wie wichtig es ist, Ihre Fähigkeiten zu erweitern und in der sich ständig weiterentwickelnden Welt des UX-Designs auf dem Laufenden zu bleiben. Als UX-Designer ist es wichtig, ständig zu lernen und sich weiterzuentwickeln, um sicherzustellen, dass Sie die bestmögliche Nutzererfahrung bieten und auf dem Arbeitsmarkt wettbewerbsfähig bleiben. Lassen Sie uns also verschiedene Möglichkeiten erkunden, wie Sie Ihre Fähigkeiten erweitern, mit Branchentrends auf dem Laufenden bleiben und eine wertvolle Bereicherung für die UX-Design-Community bleiben können.

1. Lernen Sie weiter: Vor allem sollten Sie nie aufhören zu lernen. UX-Design ist ein sich ständig weiterentwickelndes Feld, und um relevant zu bleiben, müssen Sie bereit sein, in Ihre ständige Weiterbildung zu investieren. Nehmen Sie an Workshops, Webinaren und Konferenzen teil, um sich über die neuesten Tools, Techniken und Best Practices auf diesem Gebiet zu informieren. Lesen Sie Bücher, Artikel und Forschungsarbeiten, um Ihr Verständnis von UX-Design-Prinzipien und -Methoden zu vertiefen.

2. Online-Kurse und Tutorials: Eine der einfachsten Möglichkeiten, Ihre Fähigkeiten zu erweitern, ist die Teilnahme an Online-Kursen und Tutorials. Viele Plattformen bieten Kurse zu verschiedenen UX-Design-Themen an, so dass

Sie in Ihrem eigenen Tempo und bequem von zu Hause aus lernen können. Wählen Sie Kurse, die Ihr vorhandenes Wissen ergänzen oder sich auf bestimmte Bereiche konzentrieren, die Sie verbessern oder erforschen möchten.

3. Diversifizieren Sie Ihre Fertigkeiten: Es ist zwar wichtig, sich auf bestimmte Bereiche des UX-Designs zu spezialisieren, aber ein breit gefächertes Skillset kann Sie zu einem vielseitigeren und wertvolleren Designer machen. Ziehen Sie in Erwägung, ergänzende Fähigkeiten wie UI-Design, Grafikdesign, Front-End-Entwicklung oder sogar Copywriting zu erlernen. Diese zusätzlichen Fähigkeiten ermöglichen es Ihnen, an einem breiteren Spektrum von Projekten zu arbeiten und effektiver mit multidisziplinären Teams zusammenzuarbeiten.

4. Bleiben Sie über Branchentrends auf dem Laufenden: Um im Bereich des UX-Designs auf dem Laufenden zu bleiben, ist es wichtig, ein Auge auf Branchentrends und neue Technologien zu haben. Abonnieren Sie Branchen-Newsletter, folgen Sie einflussreichen UX-Designern und Organisationen in den sozialen Medien und treten Sie UX-Design-Foren und -Communities bei. Wenn Sie auf dem Laufenden bleiben, können Sie sich besser auf Veränderungen in der Branche einstellen und neue Ideen in Ihre Arbeit einfließen lassen.

5. Nehmen Sie an Design-Challenges teil: Design Challenges und Hackathons sind fantastische Gelegenheiten, neue Fähigkeiten zu erlernen, an realen Problemen zu arbeiten und mit anderen Designern zusammenzuarbeiten. Durch die Teilnahme an diesen Veranstaltungen können Sie Ihre Fähigkeiten auf die Probe stellen, von anderen lernen und Ihr berufliches Netzwerk erweitern.

6. Arbeiten Sie mit anderen Designern zusammen: Die Zusammenarbeit mit anderen Designern kann Ihnen helfen, neue Techniken zu erlernen, neue Perspektiven zu gewinnen und Ihre Problemlösungsfähigkeiten zu verbessern. Beteiligen Sie sich an gemeinsamen Projekten, nehmen Sie an Designkritiken teil oder gründen Sie sogar eine UX-Design-Studiengruppe. Von Gleichgesinnten zu lernen ist ein

unschätzbarer Weg, um zu wachsen und Ihre Fähigkeiten zu erweitern.

7. Üben, üben, üben: Wie bei jeder Fähigkeit ist auch beim UX-Design die Praxis entscheidend für Wachstum und Verbesserung. Arbeiten Sie an persönlichen Projekten, freiberuflichen Aufträgen oder tragen Sie zu Open-Source-Initiativen bei, um Ihre Fähigkeiten zu verbessern und Ihr Portfolio aufzubauen. Je mehr Sie üben, desto sicherer und kompetenter werden Sie als UX-Designer.

8. Erwerben Sie Zertifizierungen: Der Erwerb von UX-Design-Zertifizierungen kann Ihnen helfen, Ihre Fähigkeiten zu validieren, Ihr Fachwissen zu demonstrieren und sich auf dem Arbeitsmarkt abzuheben. Streben Sie Zertifizierungen von angesehenen Organisationen wie der Interaction Design Foundation, der Nielsen Norman Group oder Human Factors International an. Durch den Erwerb dieser Zertifizierungen verbessern Sie nicht nur Ihren Lebenslauf, sondern vertiefen auch Ihr Verständnis von UX-Designprinzipien und Best Practices.

9. Lernen Sie von Branchenführern: Identifizieren Sie führende und einflussreiche UX-Designer, die Sie inspirieren, und verfolgen Sie deren Arbeit. Besuchen Sie ihre Vorträge, lesen Sie ihre Bücher und Artikel und tauschen Sie sich mit ihnen in den sozialen Medien aus. Von den Erfahrungen und Erkenntnissen der Branchenführer zu lernen, kann eine unschätzbare Hilfe für Ihren eigenen beruflichen Weg sein.

10. Reflektieren und bewerten Sie: Treten Sie regelmäßig einen Schritt zurück und bewerten Sie Ihre Fortschritte, Fähigkeiten und Ziele. Denken Sie über Ihre Stärken und Schwächen nach und ermitteln Sie Bereiche, in denen Sie Ihre Fähigkeiten verbessern oder erweitern müssen. Diese Selbsteinschätzung wird Ihnen helfen, realistische Ziele zu setzen und Ihre laufenden beruflichen Entwicklungsbemühungen zu steuern.

11. Andere unterrichten und anleiten: Wenn Sie Ihr Wissen und Ihre Erfahrung mit anderen teilen, können Sie Ihr Wissen festigen und Ihre Kommunikationsfähigkeiten verbessern.

Bieten Sie sich als Mentor für Nachwuchsdesigner an, leiten Sie Workshops oder tragen Sie Artikel und Anleitungen zu Designpublikationen bei. Andere zu unterrichten kommt nicht nur der UX-Design-Community zugute, sondern hilft auch Ihnen, Ihre Fähigkeiten zu erweitern und zu verfeinern.

12. Akzeptieren Sie Veränderungen und Anpassungsfähigkeit: Die UX-Design-Landschaft verändert sich ständig, und es ist wichtig, anpassungsfähig und offen für Veränderungen zu sein. Seien Sie bereit, neue Tools zu erlernen, neue Methoden zu übernehmen und Ihren Designansatz nach Bedarf anzupassen. Diese Anpassungsfähigkeit macht Sie nicht nur zu einem widerstandsfähigeren Designer, sondern sorgt auch dafür, dass Sie mit dem sich ständig weiterentwickelnden Bereich des UX-Designs auf dem Laufenden bleiben.

13. Entwickeln Sie eine Wachstumsmentalität: Schließlich sollten Sie eine wachstumsorientierte Denkweise kultivieren, die Lernen, Neugierde und kontinuierliche Verbesserung umfasst. Erkennen Sie, dass Fehler und Rückschläge Gelegenheiten zum Lernen und Wachsen sind. Mit dieser Einstellung sind Sie offener dafür, neue Ideen zu erforschen, Risiken einzugehen und Herausforderungen anzunehmen.

Nachdem wir nun verschiedene Strategien für die Erweiterung Ihrer Fähigkeiten und die Aufrechterhaltung des aktuellen Stands im Bereich UX-Design besprochen haben, liegt es an Ihnen, die Initiative zu ergreifen und in Ihre kontinuierliche berufliche Entwicklung zu investieren. Denken Sie daran: Die erfolgreichsten UX-Designer sind lebenslang Lernende, die ständig versuchen, ihre Fähigkeiten zu verbessern, sich an Veränderungen in der Branche anzupassen und der Zeit voraus zu sein.

Wenn Sie sich auf die Reise des Wachstums und des ständigen Lernens begeben, denken Sie daran, dass es sich um einen Marathon handelt, nicht um einen Sprint. Konzentrieren Sie sich auf stetige, konsistente Fortschritte und feiern Sie Ihre Erfolge auf dem Weg. Wenn Sie sich für Ihre berufliche Entwicklung engagieren und auf dem Gebiet des UX-Designs auf dem Laufenden bleiben, sind Sie gut gerüstet, um sich in der sich ständig verändernden Landschaft zurechtzufinden und eine erfolgreiche, erfüllende Karriere zu schmieden.

Und da haben Sie es! Wir haben ein breites Spektrum an Strategien vorgestellt, die Ihnen helfen, Ihre Fähigkeiten zu erweitern und in der aufregenden und sich ständig weiterentwickelnden Welt des UX-Designs auf dem Laufenden zu bleiben. Behalten Sie diese Tipps im Hinterkopf, wenn Sie Ihre Karriere vorantreiben, und denken Sie daran: Das Wichtigste ist, neugierig zu bleiben, weiter zu lernen und nie aufzuhören, sich weiterzuentwickeln. Viel Glück und viel Spaß beim Gestalten!

8 /
schlussfolgerung

die denkweise eines ux-designers annehmen

WILLKOMMEN ZURÜCK! In diesem Abschnitt werden wir über die Bedeutung des Aufbaus eines professionellen Netzwerks sprechen und einige Strategien vorstellen, die Ihnen dabei helfen, mit anderen UX-Designern in Kontakt zu treten, Ihren Einflussbereich zu erweitern und letztendlich Ihre Karriere voranzutreiben.

Warum ist der Aufbau eines beruflichen Netzwerks wichtig?

Ein starkes berufliches Netzwerk kann während Ihrer gesamten UX-Design-Karriere eine unschätzbare Ressource sein. Hier sind ein paar Gründe, warum der Aufbau eines Netzwerks eine Priorität sein sollte:

1. Zugang zu Stellenangeboten: Viele offene Stellen werden nie öffentlich ausgeschrieben, sondern durch Mundpropaganda oder persönliche Kontakte besetzt. Wenn Sie über ein umfangreiches berufliches Netzwerk verfügen, erhöhen sich Ihre Chancen, von diesen "versteckten" Möglichkeiten zu erfahren.

2. Lernen und Wachstum: Durch den Austausch mit anderen Fachleuten können Sie sich über neue Techniken, Tools und Trends im Bereich UX-Design informieren. Durch den

Austausch von Wissen und Erfahrungen können Sie neue Erkenntnisse gewinnen und Ihre Fähigkeiten verbessern.

3. Zusammenarbeit und Unterstützung: Ein unterstützendes Netzwerk kann Sie auf Ihrem Karriereweg ermutigen, beraten und Ihnen Feedback geben. Die Zusammenarbeit mit anderen kann zu neuen Projekten, Partnerschaften und beruflichem Wachstum führen.

4. Erhöhte Sichtbarkeit: Networking kann Ihnen helfen, innerhalb der UX-Design-Community sichtbarer zu werden, was zu mehr Jobangeboten, Rednerauftritten und anderen Gelegenheiten führen kann.

Nachdem wir nun die Bedeutung des Aufbaus eines professionellen Netzwerks erörtert haben, wollen wir nun einige Strategien erkunden, die Ihnen helfen, sinnvolle Verbindungen zu anderen UX-Designern aufzubauen und zu pflegen.

1. Nehmen Sie an Konferenzen und Branchenveranstaltungen teil: UX-Design-Konferenzen und -Veranstaltungen sind eine hervorragende Gelegenheit, andere Fachleute zu treffen, sich über die neuesten Trends zu informieren und Ihr Netzwerk zu erweitern. Bemühen Sie sich, wann immer möglich, an lokalen, nationalen oder sogar internationalen Konferenzen und Veranstaltungen teilzunehmen. Stellen Sie sich den anderen vor, tauschen Sie Kontaktinformationen aus und bleiben Sie auch nach der Veranstaltung in Kontakt.

2. Treten Sie UX-Design-Gruppen und -Communities bei: Es gibt viele Online- und Offline-Communities, die sich mit UX-Design beschäftigen. Suchen Sie nach lokalen Treffen, Online-Foren und Social-Media-Gruppen, wo Sie mit anderen in Kontakt treten können, die Ihre Leidenschaft für UX-Design teilen. Beteiligen Sie sich an Diskussionen, stellen Sie Fragen und teilen Sie Ihr Wissen, um Beziehungen innerhalb dieser Gemeinschaften aufzubauen.

3. Nutzen Sie soziale Medien: Nutzen Sie Social-Media-Plattformen wie LinkedIn, Twitter und Facebook, um mit

anderen UX-Designern in Kontakt zu treten. Teilen Sie Ihre Arbeit, beteiligen Sie sich an Diskussionen und folgen Sie Influencern in der Branche, um über Branchenneuigkeiten und Trends auf dem Laufenden zu bleiben.

4. Verbinden Sie sich mit Alumni: Nehmen Sie Kontakt zu anderen Absolventen Ihres UX-Design-Programms oder Bootcamps auf. Sie können Sie vielleicht mit anderen Fachleuten in diesem Bereich bekannt machen, Ihnen Jobmöglichkeiten mitteilen oder Ihnen Einblicke in den UX-Design-Arbeitsmarkt geben.

5. Arbeiten Sie an Projekten mit: Suchen Sie nach Möglichkeiten, mit anderen UX-Designern an Projekten zu arbeiten, entweder beruflich oder als Nebenprojekt. Durch die Zusammenarbeit an Projekten können Sie Beziehungen aufbauen und gleichzeitig von anderen lernen und Ihre Fähigkeiten verbessern.

6. Bieten Sie Hilfe und Unterstützung an: Seien Sie bereit, anderen zu helfen, wenn sie Unterstützung brauchen, sei es durch Feedback zu ihrer Arbeit, durch die Weitergabe von Stellenangeboten oder indem Sie ein offenes Ohr haben. Indem Sie ein unterstützendes und hilfsbereites Mitglied der Gemeinschaft sind, bauen Sie Goodwill auf und stärken Ihre Beziehungen.

7. Bleiben Sie in Kontakt: Der Aufbau eines beruflichen Netzwerks ist keine einmalige Angelegenheit, sondern erfordert kontinuierliche Pflege. Bleiben Sie mit Ihren Kontakten in Kontakt, teilen Sie ihnen Neuigkeiten über Ihre Karriere mit und melden Sie sich regelmäßig bei ihnen. So können Sie starke Verbindungen aufrechterhalten und sicherstellen, dass Ihr Netzwerk weiter wächst.

8. Netzwerken Sie authentisch: Denken Sie daran, dass es beim Networking um den Aufbau echter Beziehungen geht und nicht nur darum, Visitenkarten oder LinkedIn-Kontakte zu sammeln. Konzentrieren Sie sich darauf, andere kennen zu lernen, ihre Bedürfnisse zu verstehen und Wege zu finden, sie zu unterstützen. Wenn Sie bei Ihren Networking-Bemühungen

authentisch und aufrichtig sind, werden Sie stärkere und sinnvollere Beziehungen aufbauen.

Zum Abschluss dieses Abschnitts sollten Sie daran denken, dass der Aufbau eines professionellen Netzwerks ein fortlaufender Prozess ist, der Zeit, Mühe und Geduld erfordert. Die Vorteile eines starken beruflichen Netzwerks in der UX-Design-Community sind jedoch die Investition wert. Wenn Sie Ihr Netzwerk ausbauen und Ihre Verbindungen vertiefen, werden Sie feststellen, dass sich Ihre Karrieremöglichkeiten, Ihre Lernerfahrungen und Ihr professionelles Unterstützungssystem erweitern werden, was Ihnen hilft, auf Ihrem Weg zum UX-Designer mehr Erfolg zu haben.

Zusammenfassend lässt sich sagen, dass der Aufbau eines professionellen Netzwerks für Ihre berufliche Entwicklung im Bereich UX-Design entscheidend ist. Es kann Ihnen Zugang zu Arbeitsmöglichkeiten, wertvollen Lernerfahrungen, Zusammenarbeit und erhöhter Sichtbarkeit in der Branche verschaffen. Um ein starkes Netzwerk aufzubauen und zu pflegen, sollten Sie Folgendes beachten:

1. Teilnahme an Konferenzen und Branchenveranstaltungen.
2. Treten Sie UX-Design-Gruppen und Communities bei.
3. Nutzen Sie die sozialen Medien, um mit Fachleuten in Kontakt zu treten.
4. Knüpfen Sie Kontakte zu Absolventen Ihres UX-Design-Programms oder Bootcamps.
5. Arbeiten Sie mit anderen Designern an Projekten zusammen.
6. Bieten Sie anderen in Ihrem Netzwerk Hilfe und Unterstützung an.
7. Bleiben Sie in Kontakt mit Ihren Kontakten.
8. Vernetzen Sie sich authentisch und aufrichtig.

Denken Sie daran, dass Networking ein kontinuierlicher Prozess ist, und je mehr Sie sich mit anderen in der UX-Design-Community austauschen, desto wertvoller wird Ihr Netzwerk werden. Verfeinern Sie Ihre Networking-Fähigkeiten und bleiben Sie proaktiv auf der Suche nach neuen Verbindungen und Möglichkeiten.

Wenn Sie in Ihrer UX-Design-Karriere vorankommen, sollten Sie stets in Ihr berufliches Netzwerk investieren. Die Beziehungen, die Sie aufbauen, das Wissen, das Sie erlangen, und die Erfahrungen, die Sie mit anderen in diesem Bereich teilen, werden Ihre berufliche Laufbahn prägen und letztendlich zu Ihrem langfristigen Erfolg in der Welt des UX-Designs beitragen.

die reise des lebenslangen lernens und wachstums

Wenn Sie Ihre Karriere als UX-Designer beginnen, ist es wichtig, sich daran zu erinnern, dass Lernen und Wachstum nicht aufhören, sobald Sie Ihren ersten Job bekommen oder ein bestimmtes Niveau an Fachwissen erreicht haben. Tatsächlich sind die erfolgreichsten UX-Designer diejenigen, die ihre Karriere als eine Reise des lebenslangen Lernens und Wachstums betrachten. Dieser Abschnitt befasst sich mit der Bedeutung des kontinuierlichen Lernens und der Entwicklung, bietet Strategien, um mit Branchentrends und -innovationen auf dem Laufenden zu bleiben, und gibt Tipps zur Förderung einer Wachstumsmentalität, die Sie für einen langfristigen Erfolg in Ihrer UX-Design-Karriere aufstellen wird.

1. Die Bedeutung von kontinuierlichem Lernen und Entwicklung

In der schnelllebigen und sich ständig weiterentwickelnden Welt des UX-Designs ist es von entscheidender Bedeutung, mit den neuesten Trends, Tools und Best Practices auf dem Laufenden zu bleiben, um wettbewerbsfähig zu bleiben und außergewöhnliche Nutzererlebnisse zu schaffen. Durch kontinuierliches Lernen und Entwickeln sind Sie besser gerüstet, um sich an die sich verändernde Landschaft des UX-Designs anzupassen, der Entwicklung voraus zu sein und sicherzustellen, dass Ihre Fähigkeiten relevant und gefragt bleiben.

Darüber hinaus kann kontinuierliches Lernen Ihnen dabei helfen, neue Interessen zu entdecken, Fachwissen in speziellen Bereichen aufzubauen und neue Karrieremöglichkeiten zu erschließen. Im Laufe Ihrer Karriere als UX-Designer stellen Sie vielleicht fest, dass sich Ihre Interessen ändern oder neue Spezialgebiete auftauchen. Lebenslanges Lernen ermöglicht es Ihnen, diese Interessen zu erforschen und sich mit Ihrer

Arbeit zu beschäftigen, was letztendlich zu größerer beruflicher Zufriedenheit und Erfolg führt.

1. Immer auf dem Laufenden mit Branchentrends und Innovationen

Um bei Branchentrends und Innovationen auf dem Laufenden zu bleiben, ist es wichtig, proaktiv nach Informationen und Ressourcen zu suchen. Hier sind einige Strategien, um über die neuesten Entwicklungen in der Welt des UX-Designs auf dem Laufenden zu bleiben:

- Verfolgen Sie Branchenpublikationen: Abonnieren Sie UX-Design-Blogs, -Magazine und -Newsletter, um regelmäßig über Neuigkeiten, Trends und bewährte Verfahren informiert zu werden. Zu den beliebtesten Publikationen gehören UX Design Weekly, Smashing Magazine und UX Matters.
- Nehmen Sie an Konferenzen und Workshops teil: Konferenzen und Workshops bieten die Möglichkeit, von Branchenexperten zu lernen, sich mit anderen Fachleuten zu vernetzen und neue Ideen und Techniken kennen zu lernen. Besuchen Sie mindestens ein oder zwei UX-Design-Konferenzen oder -Workshops pro Jahr.
- Nehmen Sie an Online-Foren und -Communities teil: Online-Foren und -Gemeinschaften wie UX Stack Exchange oder UX Design Slack können unschätzbare Quellen für Informationen und Unterstützung sein. Beteiligen Sie sich an Diskussionen, stellen Sie Fragen und teilen Sie Ihre eigenen Erkenntnisse, um mit der UX-Design-Community in Kontakt zu bleiben.
- Nehmen Sie an Online-Kursen und Webinaren teil: Online-Kurse und Webinare bieten bequeme und erschwingliche Möglichkeiten, Ihr Wissen und Ihre Fähigkeiten zu erweitern. Suchen Sie nach Kursen und Webinaren auf Plattformen wie Coursera, Udemy und Skillshare oder über UX-Design-Organisationen wie die Interaction Design Foundation oder die Nielsen Norman Group.

1. Ziele für die persönliche und berufliche Entwicklung setzen

Die Festlegung spezifischer, messbarer, erreichbarer, relevanter und zeitgebundener (SMART) Ziele kann Ihnen helfen, sich auf Ihre persönliche und berufliche Entwicklung zu konzentrieren. Überprüfen Sie Ihre Ziele regelmäßig, verfolgen Sie Ihre Fortschritte und passen Sie Ihre Ziele bei Bedarf an, um sicherzustellen, dass sie relevant und erreichbar bleiben. Hier sind ein paar Beispiele für SMART-Ziele für UX-Designer:

- "Ich werde innerhalb der nächsten drei Monate einen UX-Design-Kurs über Nutzerforschungstechniken absolvieren."
- "Ich werde dieses Jahr mindestens zwei UX-Design-Konferenzen besuchen, um mich zu vernetzen und neue Trends in der Branche kennenzulernen."
- "Ich werde meine visuellen Designfähigkeiten verbessern, indem ich in den nächsten sechs Wochen einen Online-Kurs über Typografie und Farbtheorie belege.

1. Förderung des Wachstumsdenkens

Die Entwicklung einer Wachstumsmentalität ist entscheidend für lebenslanges Lernen und langfristigen Erfolg in Ihrer UX-Design-Karriere. Eine Wachstumsmentalität ist die Überzeugung, dass Intelligenz und Fähigkeiten durch Hingabe und harte Arbeit entwickelt werden können und dass Herausforderungen Chancen für Wachstum sind. Im Folgenden finden Sie einige Tipps zur Förderung einer wachstumsorientierten Denkweise:

- Nehmen Sie Herausforderungen an: Betrachten Sie Herausforderungen als Chancen zum Lernen und Wachsen und nicht als Hindernisse, die es zu vermeiden gilt. Wenn Sie mit einem schwierigen Projekt oder einem neuen Werkzeug konfrontiert werden, gehen Sie die Situation mit Neugier und Lernbereitschaft an.
- Lernen Sie aus Feedback: Konstruktive Kritik ist wichtig für die berufliche Entwicklung. Nehmen Sie das Feedback von

Kollegen, Managern und Nutzern an und nutzen Sie es als Instrument zur Verbesserung Ihrer Arbeit und Ihrer Fähigkeiten.

- Feiern Sie den Erfolg der anderen: Erkennen Sie die Leistungen Ihrer Kollegen an und feiern Sie sie, und nutzen Sie ihre Erfolge als Inspiration für Ihr eigenes Wachstum. Eine kooperative und unterstützende Einstellung kann Ihnen helfen, starke Beziehungen aufzubauen und ein positives Arbeitsumfeld zu fördern.
- Seien Sie widerstandsfähig: Verstehen Sie, dass Rückschläge ein natürlicher Teil des Lernprozesses sind. Wenn Sie auf Hindernisse oder Misserfolge stoßen, konzentrieren Sie sich darauf, was Sie aus dieser Erfahrung lernen können, und nutzen Sie dieses Wissen für Ihre künftigen Bemühungen.
- Pflegen Sie Ihre Neugierde: Bleiben Sie neugierig auf den Bereich des UX-Designs und seien Sie offen für die Erforschung neuer Ideen, Techniken und Tools. Wenn Sie neugierig bleiben, ist es wahrscheinlicher, dass Sie sich mit Ihrer Arbeit beschäftigen und über Branchentrends auf dem Laufenden bleiben.

1. Die Vorteile von lebenslangem Lernen und Wachstum

Lebenslanges Lernen und Wachstum in Ihrer UX-Design-Karriere bietet zahlreiche Vorteile, sowohl beruflich als auch persönlich. Indem Sie Ihr Wissen und Ihre Fähigkeiten kontinuierlich erweitern, erhöhen Sie Ihre Marktfähigkeit, eröffnen sich neue Karrierechancen und bleiben in der sich schnell entwickelnden Welt des UX-Designs relevant.

Darüber hinaus kann kontinuierliches Lernen zu einer höheren Arbeitszufriedenheit führen, da Sie besser gerüstet sind, um neue Herausforderungen zu meistern und zum Erfolg Ihres Teams beizutragen. Es kann auch das Gefühl der persönlichen Leistung fördern und Ihr Selbstvertrauen stärken, da Sie mit der Zeit Ihr eigenes Wachstum und Ihre Entwicklung beobachten können.

Letztendlich ist die Reise des lebenslangen Lernens und Wachstums ein wesentlicher Bestandteil einer erfüllenden und erfolgreichen Karriere im UX-Design. Wenn Sie sich eine wachstumsorientierte Denkweise zu eigen machen und sich dem kontinuierlichen Lernen und der Weiterentwicklung verschreiben, sind Sie auf dem besten Weg, Ihr volles Potenzial als UX-Designer auszuschöpfen und einen bleibenden Eindruck in diesem Bereich zu hinterlassen.

Denken Sie auf Ihrem Weg zum UX-Design daran, dass Lernen ein fortlaufender Prozess ist. Es sind Ihre Neugier, Ihr Engagement und Ihre Ausdauer, die Sie in dieser spannenden und dynamischen Branche auszeichnen werden. Bleiben Sie also am Ball, stellen Sie sich neuen Herausforderungen und seien Sie immer bereit, aus Ihren Erfahrungen zu lernen. Die Welt des UX-Designs entwickelt sich ständig weiter, und Ihre Fähigkeit, sich anzupassen und mit ihr zu wachsen, wird Ihnen während Ihrer gesamten Karriere zugute kommen.

mit ux-design wirkung erzielen

Eine Karriere im UX-Design ist mehr als nur ein Job; es ist eine Chance, das Leben der Menschen durch durchdachte und gut gestaltete Erlebnisse wirklich zu beeinflussen. In diesem Abschnitt werden wir untersuchen, wie UX-Design die Welt um uns herum positiv beeinflussen kann, und erörtern, wie Sie als UX-Designer durch Ihre Arbeit zu sinnvollen Veränderungen beitragen können.

1. Verbesserung der Nutzererfahrungen

Eine der unmittelbarsten und sichtbarsten Auswirkungen des UX-Designs ist die Verbesserung der Benutzererfahrung. Ein gut gestaltetes Produkt oder eine gut gestaltete Dienstleistung kann das Leben der Menschen verbessern, indem es alltägliche Aufgaben effizienter, zugänglicher und angenehmer macht. Als UX-Designer haben Sie die Möglichkeit, Erlebnisse zu schaffen, die Benutzer begeistern und ihnen helfen, ihre Ziele mit Leichtigkeit zu erreichen.

Beispiele für verbesserte Nutzererfahrungen sind:

- Vereinfachung komplexer Prozesse: Durch die Vereinfachung von Aufgaben wie Online-Banking oder Reisebuchungen können Nutzer Zeit sparen und Frustration vermeiden.
- Verbesserung der Barrierefreiheit: Die Gestaltung von Produkten und Dienstleistungen, die für eine Vielzahl von Nutzern, einschließlich Menschen mit Behinderungen, zugänglich sind, stellt sicher, dass alle von Ihrer Arbeit profitieren können.
- Unterhaltsame Erlebnisse schaffen: Wenn Sie alltägliche Aufgaben mit Elementen versehen, die Spaß machen oder Freude bereiten, fühlen sich die Nutzer stärker eingebunden und mit Ihrem Produkt verbunden.

1. Ermutigung zu positiven Verhaltensänderungen

UX-Design kann auch eine tiefgreifendere und dauerhaftere Wirkung haben, indem es das Verhalten der Nutzer beeinflusst und positive Veränderungen fördert. Wenn UX-Designer die Bedürfnisse, Motivationen und Hindernisse der Nutzer verstehen, können sie Produkte und Dienstleistungen entwickeln, die gesündere, nachhaltigere oder sozialere Verhaltensweisen fördern.

Beispiele für UX-Design-gesteuerte Verhaltensänderungen sind:

- Förderung gesunder Gewohnheiten: Entwicklung von Tools und Schnittstellen, die die Nutzer zu gesünderen Entscheidungen ermutigen, z. B. Fitness-Apps, die den Spaß am Sport fördern, oder Plattformen zur Planung von Mahlzeiten, die eine ausgewogene Ernährung unterstützen.
- Unterstützung der ökologischen Nachhaltigkeit: Schaffung von Produkten und Dienstleistungen, die umweltfreundliche Gewohnheiten fördern, wie z. B. Apps, die den Nutzern helfen, ihren CO2-Fußabdruck zu verfolgen und zu reduzieren, oder Plattformen, die Fahrgemeinschaften und Mitfahrgelegenheiten erleichtern.
- Förderung der sozialen Verantwortung: Gestaltung von Erlebnissen, die Empathie, Bewusstsein und Handeln in Bezug

auf soziale Themen fördern, z. B. Plattformen, die Freiwillige
mit lokalen Gemeindeprojekten verbinden, oder Apps, die
Nutzer über globale Herausforderungen und Möglichkeiten
der Hilfe aufklären.

2.Wirtschaftliche und gesellschaftliche Innovation vorantreiben

Als UX-Designer können Sie zu geschäftlichen und gesellschaftlichen
Innovationen beitragen, indem Sie neue Möglichkeiten aufzeigen und
Lösungen für unerfüllte Bedürfnisse entwickeln. Durch menschenzen-
trierte Designprozesse können Sie Erkenntnisse gewinnen, die zu neuar-
tigen Produkten, Dienstleistungen oder Systemen führen, die das
Potenzial haben, Branchen umzukrempeln und positive Veränderungen
in größerem Maßstab zu bewirken.

Beispiele für UX-Design-gesteuerte Innovationen sind:

- Identifizierung neuer Märkte: UX-Forschung kann ungenutzte
  Nutzerbedürfnisse oder -wünsche aufdecken, was zur
  Entwicklung innovativer Produkte und Dienstleistungen
  führt, die Marktlücken füllen.
- Effizientere Systeme schaffen: Durch die Untersuchung der
  User Journeys und die Ermittlung von Schmerzpunkten
  können UX-Designer Lösungen entwickeln, die Prozesse
  rationalisieren, Verschwendung reduzieren und die
  Gesamteffizienz verbessern.
- Technologie vorantreiben: UX-Designer spielen eine
  entscheidende Rolle bei der Entwicklung neuer Technologien
  und sorgen dafür, dass neue Innovationen benutzerfreundlich,
  zugänglich und wirkungsvoll sind.

1. Empathie aufbauen und Gräben überbrücken

In einer zunehmend vernetzten Welt hat UX-Design die Macht,
Menschen zusammenzubringen, indem es Empathie und Verständnis
fördert. Durch die Schaffung von Erlebnissen, die unterschiedliche
Nutzergruppen ansprechen, können UX-Designer dazu beitragen,

Barrieren abzubauen, die Kommunikation zu erleichtern und eine integrativere und harmonischere Gesellschaft zu fördern.

Beispiele für UX-Design, das Empathie und Verbundenheit fördert, sind:

- Design für kulturelle Vielfalt: Die Entwicklung von Produkten und Dienstleistungen, die sich an Nutzer mit unterschiedlichem kulturellem Hintergrund richten, kann dazu beitragen, Brücken zu bauen und das Verständnis zwischen verschiedenen Gruppen zu fördern.
- Erleichterung der Kommunikation: Die Entwicklung von Tools und Plattformen, die eine effektivere Kommunikation zwischen Nutzern ermöglichen, wie z. B. Übersetzungs-Apps oder Plattformen für die globale Zusammenarbeit, kann dazu beitragen, Empathie und Verständnis zu fördern.
- Ermutigung zur Perspektivenübernahme: Die Gestaltung von Erlebnissen, die die Nutzer in verschiedene Perspektiven eintauchen lassen, wie z. B. Virtual-Reality-Erlebnisse, die das Leben anderer simulieren, können Empathie fördern und Vorurteile in Frage stellen.

1. Einsatz für ethisches Design und verantwortungsvolle Technologie

Als UX-Designer haben Sie die Verantwortung, sich für ethisches Design und verantwortungsvolle Technologie einzusetzen. Indem Sie die potenziellen Folgen Ihrer Designentscheidungen bedenken und das Wohlbefinden der Nutzer, die Privatsphäre und die Sicherheit in den Vordergrund stellen, können Sie dazu beitragen, eine ethischere und nachhaltigere Tech-Landschaft zu schaffen.

Beispiele für ethisches Design und verantwortungsvolle Technologie sind:

- Vorrang für den Datenschutz: Die Entwicklung von Produkten und Diensten, die die Privatsphäre der Nutzer respektieren und ihnen die Kontrolle über ihre persönlichen Daten geben, kann dazu beitragen, Vertrauen aufzubauen und ein sichereres digitales Umfeld zu schaffen.

- Sicherstellung des Wohlbefindens der Nutzer: Die Berücksichtigung des geistigen und emotionalen Wohlbefindens der Nutzer bei der Gestaltung von Erlebnissen, wie z. B. die Begrenzung süchtig machender Funktionen oder die Entwicklung von Tools, die gesunde digitale Gewohnheiten fördern, kann dazu beitragen, die negativen Auswirkungen der Technologie auf die psychische Gesundheit zu mildern.
- Bewältigung unbeabsichtigter Folgen: Wenn Sie sich der möglichen negativen Folgen Ihrer Entwürfe bewusst sind und daran arbeiten, den Schaden zu minimieren, den sie verursachen können, z. B. indem Sie die Verbreitung von Fehlinformationen eindämmen oder algorithmische Verzerrungen abmildern, können Sie dazu beitragen, ein verantwortungsvolleres technisches Ökosystem zu schaffen.

Wenn Sie Ihre Reise als UX-Designer fortsetzen, denken Sie daran, dass Ihre Arbeit das Potenzial hat, das Leben unzähliger Menschen zu berühren. Wenn Sie sich die Denkweise eines UX-Designers zu eigen machen und sich darauf konzentrieren, mit Ihren Entwürfen eine positive Wirkung zu erzielen, können Sie zu einer besseren, vernetzteren und empathischeren Welt beitragen.

Letztendlich geht es bei der Reise des lebenslangen Lernens und Wachstums als UX-Designer um mehr als nur darum, die eigene Karriere voranzutreiben. Es geht darum, Ihre Fähigkeiten und Ihr Fachwissen zu nutzen, um sinnvolle Veränderungen in der Welt um Sie herum zu schaffen. Strengen Sie sich weiterhin an, um zu lernen, sich anzupassen und innovativ zu sein, und Sie werden auch weiterhin durch UX-Design etwas bewirken, ein Benutzererlebnis nach dem anderen.